AF898084

جراحتِ افکار

(مضامین)

ڈاکٹر محمد شرف الدین ساحل

Jarahat Afkaar *(Essays)*

by: Dr Mohd Sharfuddin Sahil

Edition: July '2024

Publisher :

Taemeer Publications LLC (Michigan, USA / Hyderabad, India)

ISBN 978-93-5872-254-3

کتاب	:	**جراحتِ افکار** (مضامین)
مصنف	:	**ڈاکٹر محمد شرف الدین ساحل**
پروف ریڈنگ / تدوین	:	اعجاز عبید
صنف	:	غیر افسانوی نثر
ناشر	:	تعمیر پبلی کیشنز (حیدرآباد، انڈیا)
سالِ اشاعت	:	۲۰۲۴ء
صفحات	:	۱۲۰
سرورق ڈیزائن	:	تعمیر ویب ڈیزائن

Printed in the USA
CPSIA information can be obtained
at www.ICGtesting.com
CBHW071823300724
12432CB00025B/659

9 789358 722543

فہرست

غوثیہ

---غوث جامی کی ایک نایاب مثنوی---

غوث جامی ارکاٹ (تمل ناڈو) کے ایک صوفی منش اور بزرگ شاعر تھے۔ ان کا تذکرہ نصیر الدین ہاشمی نے "مدراس میں اردو" میں اور علیم صبانویدی نے "تمل ناڈو کے مشاہیر ادب" میں کیا ہے۔ ان کے حالات پر ہاشمی نے بہت ہی مختصر اور علیم صبا نے ڈاکٹر محمد علی اثر کی تحقیقات کے حوالے سے تفصیل سے روشنی ڈالی ہے۔ ان دونوں کتابوں سے یہ بات معلوم ہوتی ہے کہ غوث جامی کا پورا نام سید محمد غوث قادری تھا۔ ان کے والد افصحی ارکاٹی اپنے دور کے ایک مشہور بزرگ اور قادر الکلام شاعر تھے۔ وہ حضرت سر اللہ انتر جامی (ف:۱۱۷۱ھ / ۱۷۵۷ء) کے شاگرد اور مرید تھے۔ اسی نسبت سے خود کو غوث جامی لکھا کرتے تھے۔ (۱)

غوثی محمد پور (ارکاٹ) کے رہنے والے تھے جو ارکاٹ کے نواب محمد علی والا جاہ (ف:۱۲۱۰ھ / ۱۷۹۵ء) کے دور میں علما و ادبا کا مرکز و مسکن تھا۔ غوثی نے اپنی مثنوی ریاضِ مسعود میں اپنے نام اور وطن کی وضاحت اس طرح کی ہے: (۲)

محمد پور کا غوثی رہن بار
کتے ارکاٹ جس بلدے کو اظہار
تخلص جس کا غوثی ہیگا مذکور

ولے ہے غوث جامی نام مشہور

غوثی ۱۱۲۲ھ (۱۰ ۱۷ء) میں محمد پور میں پیدا ہوئے۔ اپنے والد کی نگرانی میں تعلیم پائی۔ انھیں تصوف و سلوک سے بھی وابستگی تھی۔ غوثی پر اس تعلیم و تربیت کے قوی اثرات ہوئے اور وہ بھی شاعری و تصوف کے دلدادہ ہو گئے۔ ان کو اپنے والد سے جو عقیدت و محبت تھی اس کا اظہار ان اشعار میں کیا ہے:(۳)

جب کہ وو اس عالمِ فانی میں تھا
دل مرا غفلت کے تب بانی میں تھا
واقعہ ہو اس کا گزرے چار سال
پن ہوا نیں کم مرا ہر گز ملال
آہ مج بابا کا جب تک جان تھا
گھر مرا گوہر کا گویا کان تھا
بس کر اب غوثی تو کاں لک رویگا
رات دن رو رو کے انکھیاں کھوئیگا

ایسا معلوم ہوتا ہے کہ غوثی نے یہ اشعار اپنے والد کی موت سے متاثر ہو کر کہے ہیں۔ غوثی نے اپنی مثنوی ریاضِ غوثیہ جس بحر میں کہی ہے مندرجہ بالا اشعار اسی بحر میں ہیں۔ دیکھئے وہ اس مثنوی کی تاریخِ تصنیف عندلیب باغ کے اعداد سے ۱۱۶۹ھ (۱۷۵۵ء) یوں نکال رہے ہیں:(۴)

اس کی دھر تاریخ کا پھر میں خیال
جب جناب قدس میں کہتا سوال
تب کرم کر مج پو ہاتف غور سوں

کان میں دے کے کہا اس طور سوں

باغ یوں باغاں کو سارے داغ ہے

اس کی تاریخ "عندلیب باغ" ہے

---------۱۱۶۹ھ------

چوں کہ غوثی کی دیگر مثنویاں اس بحر میں نہیں ہیں اس لیے یہ بات مان لینے کو جی چاہتا ہے کہ اس مثنوی کی تصنیف (۱۱۶۹ھ/۱۷۵۵ء) سے چار سال پہلے ۱۱۶۵ھ (۱۷۵۱ء) کے آس پاس غوثی کے والد کا انتقال ہوا تھا جیسا کہ مندرجہ ذیل مصرع میں اشارہ ہے:

واقعہ ہو اس کا گزرے چار سال

غوثی نیک سیرت، پاک باطن، تصوف و سلوک کے دلدادہ اور شیخ عبدالقادر جیلانیؒ کے بے انتہا عقیدت مند تھے۔ والد کے انتقال کے بعد ان کی زندگی رنج و غم اور غربت و افلاس میں گزری۔ اس لیے اپنا اور اپنے اہل و عیال کا پیٹ پالنے کے لیے انھیں اکثر قرض لینا پڑا۔ یوں وہ بہت مقروض ہو گئے تھے۔ اس کے شواہد ان کی شاعری میں ملتے ہیں۔ انھوں نے قرض سے نجات حاصل کرنے کے لیے نواب والا جاہ کی مدح سرائی بھی کی لیکن کوئی نتیجہ نہ نکلا۔ بھائیوں کے بچھڑنے کا غم بھی ان کے ساتھ رہا۔ اس سچائی کو ان شعروں میں دیکھا جا سکتا ہے:(۵)

الٰہی میں نہایت ہوں قرض دار

ہوا ہوں بھوت عالم میں گرفتار

مرے بھایاں پڑے ہیں مج سیتے دور

انوں کے ہجر میں ہوں روز و شب چور

ملے ہیں جوں کہ یوسف سار یعقوب

مرے بھایاں ملانا صورتِ خوب

یہ اشعار غوثی کی مثنوی قصص الانبیا (ریاض مسعود) کے ہیں جس کا سال تصنیف ۱۱۹۱ھ (۱۷۷۷ء) ہے۔ گویا غوثی کی عمر اس وقت تقریباً ۷۰ سال تھی۔ اندازہ لگایا جا سکتا ہے کہ اس عمر میں یہ غم ان کے لیے کس قدر پریشان کن رہا ہو گا۔ نصر الدین ہاشمی نے مولوی حبیب اللہ صاحب مرحوم کی بیاض کے حوالے سے ان کا سالِ وفات ۱۲۲۵ھ (۱۸۱۰ء) بتایا ہے۔(۶) اس حساب سے انھوں نے ۱۰۳ سال کی عمر پائی۔

غوثی اپنے دور کے ایک قادر الکلام شاعر تھے۔ انھیں مثنوی نگاری میں زبردست مہارت حاصل تھی۔ تاریخ گوئی میں بھی ملکہ حاصل تھا۔ چنانچہ انھوں نے اپنی بعض تصانیف کی تاریخ خود نکالی ہے۔ اسی طرح اپنے ہم عصر بزرگ شاعر مولانا باقر آگاہ کی تقریباً تمام کتابوں کی تاریخ بھی کہی ہے۔ علیم صبانویدی نے اپنی کتاب میں ان کی تین مثنوی: ریاض غوثیہ (عندلیب باغ)، غوثیہ (وروضہ صفا) اور قصص الانبیا (ریاضِ مسعود) پر روشنی ڈالی ہے۔ ایک چار ورقی قصیدے ضیافت نامہ کا بھی ذکر کیا ہے۔ ان میں سے غوثیہ، قصص الانبیا اور ضیافت نامہ قلمی صورت میں حیدرآباد کے کتب خانے میں محفوظ ہے۔ نصیر الدین ہاشمی نے قصص الانبیا کا تعارف اردو مخطوطات (جلد اول، ص:۸۷) میں کرایا ہے جبکہ محی الدین قادری زور نے ضیافت نامہ کا تعارف تذکرہ اردو مخطوطات (جلد اول، ص:۹۱) میں اور غوثیہ کا تعارف تذکرہ اردو مخطوطات (جلد چہارم، ص:۸۲) میں کرایا ہے۔ چوں کہ ہمارا موضوعِ تحقیق غوثیہ ہے۔ لہٰذا یہاں صرف اسی کے متعلق روشنی ڈالی جاتی ہے۔ محی الدین قادری زور تذکرہ اردو مخطوطات (جلد چہارم، ص:۸۲) میں

غوشیہ کے قلمی نسخے کا تعارف کرواتے ہوئے لکھتے ہیں:

"زیر نظر مثنوی (غوشیہ) کے کسی اور نسخہ کا پتہ نہیں چلا اور نہ اس کا ذکر کسی تذکرے اور کتاب میں شائع ہوا ہے۔ یہ نسخہ ناقص الاول ہے۔ غالباً ابتدائی چند اوراق غائب ہیں۔ بحالتِ موجودہ ان ابیات سے شروع ہوتا ہے:

دویم صف منے روح نہ لیکو قرار

اول صف میں آتا اتھا بار بار

پچھے پیشکاراں جو تھے سامنے

کیے عرض حضرت نبی کے کنے

اسی طرح علیم صبا نویدی نے اپنی کتاب تمل ناڈو کے مشاہیر ادب (ص:۱۲۱) میں غوشیہ کے متعلق یوں اظہار خیال کیا ہے:

"غوثی ارکاٹی کی یہ مثنوی (غوشیہ) نہ معلوم کتنی طویل ہے۔ اس کے ابیات کی مجموعی تعداد کا پتہ نہیں چل سکا ہے۔"

ہمارے کتب خانے میں غوشیہ کا ایک قلمی نسخہ ہے جو اول تا آخر بہت اچھی حالت میں ہے چنانچہ مندرجہ بالا حقائق کی روشنی میں اس کی اہمیت بڑھ جاتی ہے۔ یہ نسخہ ۲۰۲ صفحات پر مشتمل ہے۔ اس کا سائز ۷ x ۱۲ ہے۔ یہ کالی روشنائی سے خوبصورت خط نستعلیق میں لکھا گیا ہے۔ ہر صفحہ پر پندرہ اشعار ہیں۔ ترقیمے کی عبارت سے یہ بات معلوم ہوتی ہے کہ اسے حافظ خضر محمود نے ملک محمد علی خان کی فرمائش پر ۱۶ جمادی الاول ۱۲۶۷ھ (۱۸۵۱ء) کو نقل کر کے مکمل کیا ہے۔ عبارت دیکھئے:

"تمت بالخیر کتاب غوشیہ من تصنیف غوث جامی صاحب مرحوم و مغفور از خط خام عاصی سراپا انکسار حافظ خضر محمود، بتاریخ شانزدہم شہر جمادی الاول ۱۲۶۷ھ مقدسہ،

بحسب فرمائش مشفقی ومکرمی محل ملک محمد علی خان صاحب تحریر یافت۔"

اس میں حضرت شیخ عبد القادر جیلانی کے حالات، اوصاف، کرامات اور مناقب تفصیل سے بیان کیے گیے ہیں۔ جہاں سے کوئی نیا واقعہ، کرامت، روایت اور منقبت شروع ہوئی ہے وہاں سرخی نہیں ہے بلکہ ایک سطر خالی چھوڑ دی گئی ہے۔ اس میں اشعار کی مجموعی تعداد ۲۸۸۹ ہے۔ اس کے مطالعہ سے یہ بات واضح ہوتی ہے کہ حیدر آباد کے کتب خانے میں موجود ناقص الاول مخطوطۂ غوثیہ میں ابتدائی ۴۳۲ اشعار نہیں ہیں اس لیے کہ مذکورہ نسخہ ان اشعار سے شروع ہوتا ہے:

دویم صف منے روح نہ لے کر قرار
اول صف میں آتا اتھا بار بار

ناگپور کے نسخۂ غوثیہ میں مندرجہ بالا شعر کا نمبر ۴۳۳ ہے۔ اس مثنوی کی ابتدا حمدِ باریِ تعالیٰ سے اس طرح ہوتی ہے:

الٰہی دو جگ کا بھی آدھار تو
ہمیں سب ہیں بندے نر نکھار تو
کیا کن میں میدان سارا عیاں
ہوا جلوہ گر تجھ سوں سارا جہاں
فلک کوں، ملک کوں سنوارا تمام
زمیں کوں دیا انس سوں زیب عام
معلق رکھا آسماں بے ستوں
زمیں کار کھالا کو پانی پو موں
زمیں پر بنایا کتے نادرات

ہزاراں سوں عالم کیا بھانت بھانت
کیا سب کو پیدا عبادت سبب
تو خلّاق کل شے کا، رزّاق، رب
جڑیا کوہ کا میخ دھرتی اُوپر
زمیں اس سے قائم کیا سربسر
چرندے کیا بھویں پو کئی طور کے
درندے کیا کئی نپٹ زور کے
کس کوں وزارت دیا کر امیر
کسی کوں ہدایت دے کیتا فقیر
کسی کوں کیا تخت اوپر ملک
گدائی سوں کس کوں کیا منسلک
کسی کوں بٹھایا ہے مسند اوپر
کسی کوں نہیں بوریا ہی مگر
کوئی اوڑتے ہیں دوشالے امیر
میسر نہیں کس کوں کملی حقیر
کسی کوں ہدایت سوں عاشق کیا
کوئی فسق میں پڑ کو فاسق جیا
کسی کوں تو عارف کیا باخبر
کسی کوں تو محرم کیا راز پر
کسی کوں عبادت سوں عابد کیا

کسی فضل سوں اپنے زاہد کیا
کسی کوں تو عالم و فاضل کیا
کسی کوں تو حافظ و عادل کیا
کہ خوباں میں یک کوں دیا خسروی
محبت میں یک کوں دیا پیروی
کسی کوں سخن گوئی، شاعر کیا
کسی کوں فراست میں ظاہر کیا
نبی کا اول نور کر آشکار
اسی سوں دنو جگ کیا روبکار

حمدِ الٰہی کے بعد نعت رسول اکرم ﷺ ہے جس کی ابتدا یوں ہوتی ہے:

محمدؐ او ہیں مظہرِ دو جہاں
ہوا نور سوں جن کی تر جگ عیاں
مدح جن کی قرآن میں ہے عیاں
کریں جن کی تسبیح کرّو بیاں
مدح مندرج جن کی یٰسین میں
شکر حق کا ہم ان کے ہیں دین میں
ہوا معجزہ جن سوں شق القمر
ہوا آب کفار کا گل جگر
کہ ہے والضحیٰ بیچ جن کی صفت

جمالِ مبارک کی خوش منقبت
ہے سورہ الم نشرح جس شان میں
نجھا کر دیکھو پاک قرآن میں

ان اشعار کے بعد شقّ صدر (اول) کے واقعہ پر گیارہ اشعار میں روشنی ڈالی گئی ہے۔
پھر یہ نعتیہ اشعار ہیں:

اوسب انبیا کے اوپر ہیں چتر
دوعالم کے سلطان خیر البشر
کہاں منجہ میں طاقت کہ نعتِ حبیب
جو کل کر سکوں کاں ہیتے منجہ نصیب

نعتِ رسول مقبول ﷺ کے بعد خلفائے راشدین یعنی حضرت ابو بکر صدیقؓ، حضرت عمر فاروقؓ، حضرت عثمان غنیؓ اور حضرت علیؓ کی مدح وستائش ۱۹ اشعار میں کی گئی ہے۔ اس کے بعد منقبتِ محی الدین (شیخ عبد القادر جیلانیؒ) کا سلسلہ اس طرح شروع ہوتا ہے:

الٰہی دے طاقت زباں کو مرے
محی الدین کی منقبت تا کرے
اتا طبع میری بہت کند ہے
نہ طاقت شعر کی نپٹ سند ہے
زباں میں نہ جرأت کہے یک حرف
الٰہی مرا ابھوت ہے کم ظرف

فضل کر کو دے شعر کی پیروی
ہدایت سوں ابیات کی رہروی
کہوں منقبت میں محی الدین کا
عقیدہ ستے سرورِ دین کا
سخن کے گہر بُد کے سوزن ستے
پرو کر کروں نظم کو زینتے
کرشمے انو کے بیاں سب کروں
ثنا میں انو کی عمر کوں بھروں
کیا صدق دل سے مصمم عزم
کہ دکھنی کروں منقبت سب نظم
وہی دیوینگے مجہ کوں قوت تمام
وہی مجہ سخن کوں دیوینگے نظام

اس کے فوراً بعد غوثی خدا کے حضور میں جو التجا کرتے ہیں اس کے چند شعر دیکھئے:

خدایا شکستہ ہوں سب طور سوں
مجھے ضعف دستا ہے کم مور سوں
تو ٹیا بھوت ہوں پارہ پارہ تمام
ترے فضل سوں مومیائی ہے کام
دے مرہم مرے قلبِ مجروح کوں
توانائی دے ضعف سے روح کوں

مجھے شاغل اپنی عبادت میں رکھ
کہ نسدن ہمیشہ سعادت میں رکھ
دنیا میں منجے نیک افعال دے
اپس شغل کے مجہ کو اعمال دے
جئے لگ نکو کس کا محتاج کر
بجز التجا کے مرے کاج کر
مری التجا تجہ سوں ہے اے غفور
خلق سوں مرا بھاگتا دل ہے دور
سخاوت سوں رکھ ہاتھ میرا کھلا
شجاعت سوں مجہ دل کتیں دے جلا
بغیر التجا کیچہ اکلِ حلال
سدا کھاؤں دے مجہ کو صدقِ مقال
نہ مائل کرا مجہ زباں جھوٹ سوں
مرا دور رکھ ہاتھ نت لوٹ سوں
خوشی ساتھ مجہ سوں کرا نت نماز
رکھا صوم رمضان کے بے نیاز
کرا حج دے مجہ استطاعت اول
اپس یاد کا دے سدا مجہ کوں بل
معزز دو عالم میں رکھ محترم
مرے دل کی حاجات دے ذوالکرم

اس کے بعد انھوں نے زبان میں اثر، خود داری، خاتمہ بالخیر، عالمِ بزرخ اور میدانِ حشر میں کامیابی کی دل کی گہرائی سے دعا مانگی ہے۔ پھر اپنے خاص موضوع کی طرف یوں مراجعت کی ہے۔ وہ لکھتے ہیں کہ مجھے حضرت غوثؒ کی کرامات پڑھنے اور سننے کا بے انتہا شوق تھا اس لیے ایک مشہور فارسی کتاب غوثیہ روز پڑھتا تھا۔ اس کے علاوہ اس موضوع کے متعلق دوسری معتبر کتابوں کا بھی مطالعہ کرتا تھا۔ ایک روز ایک مجلس میں غوثیہ پڑھ کر سنا رہا تھا۔ اس مجلس میں کچھ ایسے بھی لوگ تھے جو فارسی زبان سے واقف نہیں تھے لہٰذا اسے دکھنی میں منظوم کرنے کی تحریک ہوئی اور یہ ترجمہ منصہ شہود پر آیا:

کہ میں غوثیہ روز پڑھتا اتھا
اپس حرزِ جاں مثل دھرتا اتھا
کرامات کے غوث کا مجہ کو شوق
اتھا بھوت پڑھنے و سننے کا شوق
دیگر بھی کتے نسخۂ معتبر
محی الدین کی جس منے ہے خبر
او پڑھتا رہوں صدق سوں روز و شب
کہ کرتا رہوں نت انو کا ادب
سو یک روز میں غوثیہ لی کتاب
کیتاں کو سناتا اتھا کامیاب
عبارت اتھی فارسی اس میں سب
مناقب عربیؔ اتھے کئی عجب

کئی لوگ بیٹھے تھے اس وقت پر
نہیں فارسی کوں سمجھتے ہیں کر
دکھن سال میں میں کہایو نظم
قریب الفہم غوثیہ خوش رقم
کہ ہر کوئی تا جلد سمجھے اسے
وظیفہ یوں ہر یک کے دل میں بسے
گر ابیات میں سہو ہووے خطا
کرم سوں پرن ہار کرنا عطا

اس کے بعد غوثیہ کے مطالعہ کی فضیلت و برکت کا ذکر ہے۔ پھر حضرت شیخ عبد القادر جیلانیؒ کی منقبت و کرامت کا ذکر واقعۂ معراج النبی ﷺ سے شروع ہوتا ہے۔ اس کی روشنی میں یہ بات معلوم ہوتی ہے کہ جب نبی کرم ﷺ کو معراج ہوئی تو آپ ﷺ، حضرت شیخ عبد القادر جیلانیؒ کے مقدس کاندھے پر اپنا قدم مبارک رکھ کر گھوڑے (براق) پر سوار ہوئے۔ وہ براق آپؐ کو مسجد اقصیٰ لے کر گیا۔ وہاں آپ کی اقتدا میں انبیا علیہم السلام نے نماز پڑھی۔ پھر آپ ﷺ آسمان کی طرف روانہ ہوئے اور ساتوں آسمانوں کو عبور کر کے سدرۃ المنتہیٰ تک پہنچے۔ یہاں پہنچ کر حضرت جبریلؑ نے عرض کیا کہ اب اس سے آگے بڑھنے کی مجھ کو اجازت نہیں ہے۔ چنانچہ آپ ﷺ ایک دوسری سواری رفرف پر سوار ہو کر عرشِ معلی تک آئے۔ یہاں بھی عرشِ معلیٰ پر چڑھنے کے لیے حضرت شیخ عبد القادر جیلانیؒ نے آپ ﷺ کو سہارا دیا۔ دیکھئے اس کو اس طرح بیان کیا ہے:

کہ اتنے منے او جواں نیک خو

زمیں پر جو کھاند ادیا تھا او سو
ہوا آکو حاضر عرش کے تلے
محمدؐ کرم کر انو سوں ملے
انو نے کیے عرض اے نامور
رکھو اپنے قدماں مرے دوش پر
عرش پر سواری کرو شہریار
سعادت مری اس میں ہے روبکار
سو حضرت قدم ان کے کھاندیو پورک
چڑھے اور پہنچے نبی عرش لگ
تو حق سوں کیے تب نبی یو سوال
منجے کون کھاند ادیا با کمال
کہ او شخص کا یاں تلک ہے گزر
مگر ہے او خاصوں منے کوئی بشر
محمدؐ کتیں حق جواب لطیف
دیا یوں او تیر انو اسا شریف
تو روح ہے تمہارے نواسے کا نیک
یو اولاد میں ہے تمہاری ولیک
او ہے قطب معشوق میر اولی
کہ ہے غوث کر نام اس کا جلی
تمہاری او اولاد میں کار تن

علی فاطمہ کا او ہے گلبدن
حسن کا او پوتا مکمل ولی
مثنیٰ کی اولاد میں کا جلی
او دنیا منے تم کو کھاندا دیا
عرش پاس بھی آسعادت لیا
سنے مصطفی رب سیتے یو کلام
ہوئے دل منے بھوت خوش نیکنام
کیے شکر حق بھوت حد سوں زیاد
دعا تب دئے خوب یوں بامراد
کہ کھاندے ترے پر مرے او قدم
قدم تیرے سب اولیا پر ہے جم

اس واقعہ سے ہی اندازہ لگایا جاسکتا ہے کہ کتاب غوثیہ کس قدر عقیدت و محبت میں ڈوبی ہوئی ہے۔ اس کے بعد حضرت شیخ عبدالقادر جیلانیؒ کا نسب نامہ، ان کی ولادت کا بیان اور عہدِ طفولیت کے حالات ہیں۔ ریاضت و عبادت کا تذکرہ ہے۔ اور بعد ازاں مناقب و کرامت تفصیل سے بیان کی گئی ہیں۔ آخر میں وفات اور اہل و عیال کا مفصل ذکر کر کے ان اشعار پر غوثیہ کو تمام کیا ہے:

سگِ درگہہِ غوث ہے یو فقیر
غلام ان کی اولاد کا ہے حقیر
دے برکت ستی ان کے پروردگار

غلاماں منے ان کے دے مجکو ٹھار
کہ ہے غوث جامی انو کا غلام
دو عالم منے رکھ اسے نیکنام

لیکن جوشِ عقیدت میں ڈوبی ہوئی اس مثنوی کے اختتام کے بعد غوثی نے اپنے بچوں کو جو نصیحت کی ہے وہ بے انتہا کارآمد اور مفید ہے۔ یہ ان کے مذہبی جذبات کی آئینہ دار ہے۔ لہٰذا یہاں اس کے چند اشعار نقل کیے جاتے ہیں:

اتا پند کرتا ہوں اولاد پر
اپس آل پر ہور احفاد پر
اگرچہ منجہ اولاد ہے صغر سن
ہے امید حق سوں ہویں کبر سن
سنورے نصیحت کی میرے سو بات
کہ ہر یک گہر ہور نادر نکات
اپس کوں رکھو امرِ حق پر مدام
رہو نہی سوں دور تر نیک نام
نکو تم کرو ترک ہرگز صلوٰت
خدا مال دیوے تو دیجو زکات
ترک صوم رمضان کوں مت کرو
اپس دل میں خوفِ خدا نت دھرو
اگر استطاعت ہوے حج کوں جا

کرے او خدا کے فرض کوں بجا
کہ جاہل کی صحبت میں بیٹھو نکو
جو بانگے ہو لقّے سے اینٹھو نکو
رکھو پوجہ صحبت سوں اپنے کو دور
نکو نرد کھیلو سمجہ کر سرور
نکو لاؤ اپنے کوں بازی طرف
کہ بازی میں ہے عاقبت میں حرف
نکو جھوٹ بولو کہ ہے جھوٹ بد
نہ کس کو ستاؤ جیئے لگ ابد
شفقت اپس زیر دستاں پو کر
کہ پاؤ او دونو جہاں کا ثمر
تمہارا ہوے کوئی دشمن اگر
اول اس سوں نیکی کرواے پسر
کرو صحبتِ عالماں اختیار
انو کا ہوے تم پو تا فیض بار
کلامِ الٰہی کرو خوب یاد
ہے حافظ کا درجہ نہایت زیاد
سکو دین کا علم فقہ و حدیث
پڑن ہار دُسری علم کا خبیث
نکو عیب کس کا کرو آشکار

رہو دور غیبت ستی باوقار

کہ ہرگز نکو کھاؤ مالِ حرام

قرض بھوت بد ہے نکو لیئو وام

کہ میں قرض لے لے کیا امتحاں

نفع کچھ نہ دیکھا ہوں پایا زیاں

یتیماں یسیراں سوں نیکی کرو

نظر نت شفقت کی ان پو دھرو

ضعیفاں سے نیکی کرو بے شمار

دھرو زیر دستاں اُپر بھوت پیار

اس پند ون صیحت کے بعد غوثی اپنے بچوں کو پڑوسیوں سے حسنِ سلوک اور مہمان نوازی کی تعلیم دیتے ہیں۔ پھر اپنی والدہ کا ادب اور ان کی خدمت کرنے کی یوں تلقین کرتے ہیں:

مری ماں ہے بی بی بڑی نیک ذات

تمہاری ہے وادی او عالی صفات

سو او قوم میں رابعہ عصر ہے

او بیبیاں منے عابدہ دھر ہے

او واصل ہے، عابد ہے، شب زندہ دار

خدا کی تجلی انو پر ہے بار

انو کا ادب تم اُپر فرض ہے

بھی خدمت انو کی سو جیوں فرض ہے
رہو ان کی خدمت میں بستہ کمر
ادب منجہ سوں ان کا کرو بیشتر

ان اشعار سے یہ بات واضح ہوتی ہے کہ اس مثنوی کی تصنیف کے وقت غوثی کی والدہ بقید حیات تھیں۔ وہ پاک باز، نیک صفت، عابدہ، زاہدہ اور شب زندہ دار تھیں۔ غوثی ان کا بے انتہا احترام کیا کرتے تھے۔ اس نصیحت کے فوراً بعد غوثی اپنے بچوں کو اپنی ماں کا احترام اور اس کا حکم بجالانے کی بھی نصیحت کرتے ہیں:

رہو حکمِ مادر میں اپنے مدام
کہ جس یک سوں پاوینگے جنت مقام
رکھو اس کو راضی کہ راضی خدا
کہ فرمائے ہیں یوں رسولِ خدا
دل و جاں سوں اس کی اطاعت کرو
اپس کوں اطاعت میں اس کی دھرو

اس کے بعد بدعت و خرافات سے دور رہنے، شریعت پر عمل کرنے، نفسِ بد پر قابو پانے، اتفاق و اتحاد سے زندگی گزارنے، آپس میں ایک دوسرے کی مدد کرنے کی مخلصانہ تعلیم دی ہے۔ پھر یہ نصیحت کی ہے کہ بادشاہ سے لاتعلق رہنے میں ہی بھلائی ہے۔ اگر ان سے کوئی کام پڑے تو حکمت سے تعلق قائم رکھنا چاہیئے تا کہ غریبوں کا فائدہ ہو اور ان کی دعا سے تم عتابِ سلطاں سے چھٹکارا پا سکو:

نکو صحبتِ شاہ کر و اختیار
کہ سلطاں کی صحبت ہے مانندِ مار
رہنا آگ سوں دور بہتر ہے بات
کہ سلطاں سوں ڈرنا ہے ویسی چہ دھات
پڑے اتفاقاً اگر تم کوں کار
کریں صحبتِ شاہ کوں اختیار
تو سلطاں کی مرضی کے موجب چلو
بجز حکم ان کے نہ ہر گز ہلو
کرو عرض کر کر غریباں کا کار
کرو کلمۃ الخیر کو اختیار
اگر اتفاقاً کرے شہہ عتاب
دعائے غریباں کرے کامیاب

اس نصیحت کے بعد بیوی کے تعلق سے یہ تلقین کرتے ہیں:
سنبھالے جو تمنا کوں جاوے اگر
نکو راہ زن جاؤ ہور دور ترا
ضرور آپڑے تو کرو زن حلال
کہ ہے شرع کی پیروی باکمال
رکھو زن کو خوش دیو مانگے جو چیز
اگر استطاعت اچھے تم کوں نیز

نہ عورت ستی پن کہو دل کی بات
پتیارانکر رہو حفاظت کے سات

اس کے بعد یہ نصیحت ملتی ہے:

کرو صحبتِ عارفاں اختیار
کرو کسب کامل کہ ہے خوب کار
رہو خدمت شیخ میں چند روز
کہ ہے صحبتِ کاملاں دل فروز
دیؤ سلسلہ قادری پیچ دست
نہ گھر اس سوں بہتر کوئی نیک بخت
مریداں پو قادر کے آتش حرام
کیا ہے جو اقرار رب الکرام

پھر سنت جماعت کے دامن کو مضبوطی سے تھامے رکھنے کی یہ تعلیم دی ہے:

رہو دین ہور عین اپنا سنبھال
کہ سنت جماعت رہو باکمال
بجز اس کے مذہب کوں سارے عزل
ہے حق مذہب یہ سب منے مستقل
حشر لگ یہ مذہب کتیں حق گنو
دگر کوئی کہا کچھ تو تم مت سنو

غوثی کی اس عقیدے پر سختی اس انتہا پر ہے:

دیوے تم کوں اولاد اگر ذوالمنن
تو نسبت کرو سنیاں کی کدن
انو کا کرو عقد سنیاں کے سات
نکو مال دھن پر دیکھو پاک ذات
نکو دیو رفاض کو دختراں
بھی فاسق کوں توبہ بنا اختراں

اس کے بعد فاتحہ کی فضیلت بیان کی ہے اور اپنے بچوں کو نہ صرف ہر چیز پر بلکہ ان کے لیے بھی روزانہ پانچ بار فاتحہ پڑھنے کی نصیحت کی ہے اور ان دو شعروں پر ان نصائح کو ختم کیا ہے:

کیا تم کوں اب میں سپردِ خدا
دیویگا وہی تم کو راہِ ہُدا
منجہ اولاد رکھ رہ پو رب الکرام
کہ غوثی محی الدین کا ہے غلام

ان نصیحتوں کے بعد غوثی اپنی اصل کتاب غوثیہ کی خود اس طرح تعریف و توصیف کرتے ہیں:

کہا صدق دل سات یہ غوثیہ
مدح اور توصیفِ محبوبیہ
مناقب کتے غوث کے یو عجب

عقیدہ سوں بولیا ہوں کر منتخب
کرو مت مرے شعر اوپر نظر
پڑو غوث کی وصف پر کان دھر
اگر کچھ اچھے بے تلاظم نظم
کریں گے اپے غوث فضل و کرم
نجھا وصف کی رہ سو دیکھے اگر
ہے ہر منقبت گلشنِ نغز تر
رنگا رنگ ہر یک ورق، یک چمن
ہر اک صفحہ نادر ہے جیوں پھول بن
سروہی ہر اک بیت سیدی تمام
کلی سا ہے مصرع کرینگے تو فام
معطر ہے مانندِ گل ہر حرف
کہ بو جس کی دائر ہے چاروں طرف

اس تعریف و توصیف کے بعد غوثی کہتے ہیں کہ حضرت شیخ عبد القادر جیلانی کو خوش کرنا ان کا دلی مقصد ہے۔ امید ہے کہ انھیں اس سے یقیناً خوشی ہو گی اور وہ میری اس کوشش کو منظور فرمائیں گے۔ اس احساس کے ساتھ وہ حضرت شیخ عبد القادر جیلانیؒ سے اپنے قرض کے متعلق یہ التجا کرتے ہیں:

کرو قرض میرا ادا غوث پاک
رکھو یادِ حق میں منجے تابناک

سبب قرض کے نیں مرا دل قرار
تمہارے سوں امید ہے کامگار
کریں گے سبک سار اس قرض سوں
قرض کے تفکر کے اس مرض سوں
حقیقت میں قادر تمہارا ہے نام
جو مظہر ہو قدرت کے عالی مقام
کرو قرض میرا ادا تاج دار
بھی یہ نظم رائج کرو جگ مجھار

ان اشعار کے فوراً بعد اس مثنوی کی تاریخِ تصنیف یوں ظاہر کی ہے:

اتالا تو تاریخ اوپر مزاج
جو تاریخ کوں بول کر ابتہاج
کہ کس سن میں ہوئی انصرام یہ کتاب
جو ہجری نبویؐ عالی جناب
مفصل عبارت میں تاریخ کھول
بھی ایضاً حروفات میں اس کی بول
ایگیارا سو اسی اُپر آٹ سال
"وروضہ صفا" پیچ گن کر نکال
کیا شہر رمضان میں اختتام
ستاویسویں شب کی تھی نیک نام

ان اشعار سے معلوم ہوتا ہے کہ یہ مثنوی ۲۷ رمضان المبارک ۱۱۸۸ھ (۱۷۷۴ء) کو درجۂ تکمیل کو پہنچی۔ اس کے بعد جو اشعار ہیں ان میں غوثی نے یہ امید ظاہر کی ہے کہ حضرت شیخ عبدالقادر جیلانیؒ انھیں میدانِ حشر میں ان کے گناہوں سے نجات دلائیں گے۔ پھر وہ فاتحہ کی اہمیت کو واضح کر کے یہ کہتے ہے کہ اس منقبت کو روز یا کم سے کم جمعرات کو پڑھ کر کھانے پر غوث پاک کے نام کی فاتحہ دینے سے دارین کی مرادیں حاصل ہو گی۔ اس وقت مجھ کو بھی یاد رکھو اور میرے لیے بھی فاتحہ پڑھو۔
مثنوی کا اختتام ان شعروں پر ہوا ہے:

تمہارے سوں اتناچہ میر اسوال
نکورد کرو واسطے ذوالجلال
تمام اب ہوا نسخۂ غوثیہ
جو فی المدح سلطانِ معشوقیہ
محمدؐ پو ہور آل پر کہہ سلام
کیا غوث جامی یہ نسخہ تمام

اس مثنوی کے مطالعہ سے یہ حقیقت سامنے آتی ہے کہ حضرت شیخ عبدالقادر جیلانیؒ کے والدِ محترم کا نام ابی صالح تھا جن کا سلسلۂ نسب حضرت امام حسنؓ سے ملتا ہے۔ ان کی والدہ کا نام فاطمہ اور کنیت ام الخیر تھی۔ ان کا سلسلۂ نسب حضرت امام حسینؓ تک پہنچ کر منتہی ہوتا ہے۔ شیخ عبدالقادر جیلانی بروز پیر یکم رمضان المبارک ۴۷۰ھ کو جیلان (گیلان) میں پیدا ہوئے۔ آپ نے پیدا ہونے سے ایک دن پہلے اپنی والدہ کو

خواب میں یہ بشارت دی کہ میں برہنہ جسم دنیا میں نہیں آؤنگا۔ تم سفید صاف و شفاف کپڑے کا ایک ٹکڑا اپنے حلق سے گھونٹ لو۔ وہ میری برکت سے رحم تک آجائے گا۔ چنانچہ والدہ نے ایسا ہی کیا اور آپ سفید لنگی پہن کر رحمِ مادر سے دنیا میں تشریف لائے۔ اس دن رمضان المبارک کی پہلی تاریخ تھی اور لوگوں میں اس سلسلے میں کافی اختلاف تھا۔ آپ نے اس اختلاف کو اپنی والدہ کا دودھ نہ پی کر حل کیا۔ اسی طرح جب عید کے چاند کے سلسلے میں اختلاف ہوا تو آپ نے اپنی والدہ کا دودھ پی کر اس جھگڑے کا فیصلہ کر دیا۔ یہ واقعہ بھی ملتا ہے کہ جب اللہ تعالیٰ نے روز میثاق اپنی بندگی کا اقرار لینے کے لیے انبیا، مومنین اور عام لوگوں کی روحوں کو تین علاحدہ علاحدہ صفوں میں کھڑا کیا تو آپ کی روح دوسری صف سے بار بار پہلی صف میں بے قراری سے جارہی تھی۔ رسول اکرم ﷺ کے سمجھانے پر اس بے قراری کو قرار آیا۔ آپ ہر فرض نماز اور نوافل پڑھنے سے پہلے تازہ غسل اور وضو کرتے۔ پاکیزہ لباس پہنتے، عطر لگاتے پھر ذکر و اذکار کرتے۔ آپ میں نو اماموں کی تمام خوبیاں موجود تھیں۔ آپ نے گیارہ بارہ برس تک ایک پیر پر کھڑے رہ کر ریاضت کی۔ ابتدا میں اس قدر جلال تھا کہ اگر کوئی بغیر طہارت کے آپ کا نام لے لیتا تو اس کا سر قلم ہو جاتا۔ جب نبی کریم ﷺ نے خواب میں آکر سمجھایا تو یہ جلال ختم ہوا۔ آپ کی جو کرامتیں اس مثنوی میں بیان کی گئی ہیں ان میں بیس سال پہلے ایک ندی میں ڈوب جانے والی ایک پوری بارات کا آپ کی دعا سے دوبارہ زندہ ہونا اور ان براتیوں کا مشرف بہ اسلام ہونا، آپ کے حالتِ مرض کے قارورے کو دیکھ کر ایک یہودی حکیم اور اس کے قبیلے کے چار سو افراد کا مشرف بہ اسلام ہونا۔ ایک عیسائی سے مناظرے کے وقت ایک مردہ قوال کو قبر سے زندہ اٹھانا۔ بیٹوں سے محروم ایک عورت کی آہ وزاری پر اس کی بیس لڑکیوں کا لڑکوں میں تبدیل ہونا۔ ملک الموت سے اپنے خادم

کی روح کو چھین کر دوبارہ اس کے جسم میں ڈال دینا۔ لڑکے سے محروم ایک شخص کی ضد پر اپنے پیٹ کو اس شخص کے پیٹ سے رگڑنا اور اس کی برکت سے محی الدین ابن عربی کا پیدا ہونا۔ آپ کی دعا سے حضرت شہاب الدین سہروردی کا پیدا ہوتے ہی لڑکی سے لڑکے میں تبدیل ہونا اور دنیائے تصوف میں نام کمانا۔ آپ کی دعا سے ایک ڈاکو کا قطبِ زماں ہونا۔ ایک فاسق کا مرنے کے بعد قبر میں منکر نکیر کے سوالات کے جواب میں آپ کا نام لے کر نجات حاصل کرنا۔ فرشتوں کا آپ کے لیے افطار لانا۔ انتقال کے بعد اپنی قبر سے ہاتھ نکال کر ایک تاجر سے بیعت لینا۔ زیارتِ قبر نبی ﷺ کے وقت آپ ﷺ کا اپنی قبرِ مبارک سے دونوں ہاتھ نکالنا اور آپ کا (غوث پاک کا) انھیں بوسہ دینا وغیرہ محیر العقل کرامتیں ہیں۔ جیسا کہ ابتدا میں غوثی نے یہ بتایا ہے کہ یہ ایک فارسی کتاب غوثیہ کا دکھنی میں ترجمہ ہے۔ اس کے حوالے جگہ جگہ ملتے ہیں۔ چند شعر دیکھیے:

ص:۳۲

شہابی لکھا غوثیہ میں عجب
عبارت ہے جو فارسی جس کی بس

ص:۳۳

شہابی سوں ہے غوثیہ میں نقل
کروں ترجمہ اس کا میں خوش شکل

ص:۱۱۶

مناقب سنو غوث کا بھی بہا
کہ صادق نے جو غوثیہ میں لکھا

لیکن حضرت شیخ عبد القادر جیلانی کی وفات اور ان کی آل و اولاد کے تذکرے میں داراشکوہ کی مشہور کتاب سفینۃ الاولیا کے جگہ جگہ حوالے ملتے ہیں۔ چند شعر:

ص: ۱۶۲

کرشمہ سنو غوث کا مفتخر
سفینت منے ہے رقم سر بسر

ص: ۱۷۰

سنو غوث الثقلین سوں ہے نقل
سفینت میں یو ذکر ہیگا نچھل

ص: ۱۷۶

مناقب سنو غوث کا محترم
سفینت میں دارا لکھیا محتشم

یہ مثنوی عقیدت کے جذبے سے اس قدر لبریز ہے کہ اس سے توحید و رسالت کی عظمت و اہمیت پر حرف آتا ہے۔ اس کا ہر شعر شیخ عبد القادر جیلانیؒ کے عشق میں اس قدر ڈوبا ہوا ہے کہ قاری انھیں قادرِ مطلق سمجھنے لگتا ہے۔ یہ عقیدہ، محبت اور جذبہ اسلام کی تعلیمات کے سراسر خلاف ہے۔

حواشی:

ا۔ تمل ناڈو کے مشاہیر ادب، از علیم صبا نویدی، مطبوعہ تمل ناڈو اردو پبلی کیشنز، چنئی (۱۹۹۹ء)، ص: ۱۱۷

۲۔ مدراس میں اردو، از نصیر الدین ہاشمی، مطبوعہ ابراہیمیہ پریس، حیدرآباد (۱۹۳۸ء)، ص: ۳۲

۳۔ تمل ناڈو کے مشاہیر ادب، ص: ۱۱۸

۴۔ تمل ناڈو کے مشاہیر ادب، ص: ۱۲۰

۵۔ تمل ناڈو کے مشاہیر ادب، ص: ۱۲۰

۶۔ مدراس میں اردو، ص: ۳۲

***

اردو شاعری میں رام

ہندوستان کی سرزمین سے جو مقتدر اور واجب الاحترام شخصیتیں ابھریں، ان میں شری رام چندر جی کا نام شہرت کے اعتبار سے سب سے زیادہ نمایاں ہے۔ عہدِ حاضر میں ان کے بھکتوں کی کثیر تعداد اس حقیقت کا بین ثبوت پیش کرتی ہے۔ ہزاروں سال بیت جانے کے بعد بھی ان سے چاہت میں آج تک کوئی فرق نہیں آیا۔ یہ ان کی عظمت کی سب سے بڑی دلیل ہے۔

ایسا ہونا لازمی بھی تھا، اس لیے کہ رام چندر جی کی پوری زندگی یقین، اعتماد، انکساری، قربانی اور جہدِ مسلسل سے پُر تھی۔ انھوں نے اپنے والد راجہ دسرتھ کے حکم پر اپنی سوتیلی ماں کیکئی کی خوشی کے لیے چودہ برس کا بن باس لیا۔ اس اثنا میں راون جیسی شر پسند طاقت سے ٹکر لے کر اس کا خاتمہ کیا۔ پھر بن باس کے چودہ سال پورا کرنے کے بعد جب اجودھیا لوٹے تو اپنے اخلاق و کردار کا وہ مظاہرہ کیا کہ تاریخ میں ان کی ذات امر ہو گئی۔

اردو شاعری جو ابتدا سے سیکولر خیالات کی ترجمان رہی ہے، بھلا وہ ایسی عظیم المرتبت شخصیت کو کیوں فراموش کر دیتی۔ لہٰذا اس کا مطالعہ صاف ظاہر کرتا ہے کہ یہ شروع ہی سے رام کے ذکر سے آشنا رہی ہے اور رخ بدل بدل کر ان کی شخصیت، ان کی سیرت اور ان کے اوصاف و کمالات کو دہراتی رہی ہے۔ غواصی، شاہ تراب، ولی دکنی اور سراج اورنگ آبادی کا شمار اردو کے سب سے قدیم شعرا میں ہوتا ہے۔ ان شاعروں نے اپنے کلام میں رام کو جگہ جگہ استعارے اور تلازمے کے طور پر استعمال کیا ہے اور اس کی

مدد سے مختلف معنی نکالے ہیں۔

غواصی دکن کے ایک مشہور شاعر گزرے ہیں۔ سیف الملوک اور طوطی نامہ ان کی بے مثال مثنویاں ہیں، ان مثنویوں میں انھوں نے اساطیری روایات کو اس خوبی سے اپنایا ہے کہ اس کی جڑیں ہندوستانی تہذیب میں پیوست ہوگئی ہیں۔ انھوں نے رام چندر جی کے نام سے اپنے شعر میں اس طرح فائدہ اٹھایا ہے:

ہے ترا زلف، اے سمن اندام دام
دیکھتا تجھ کوں، تو ہوتا رام، رام

اسی طرح اٹھارویں صدی عیسوی کے آغاز کے صوفی شاعر شاہ تراب نے رام کو اپنے کلام میں کئی جگہ بڑی خوبصورتی سے پیش کیا ہے۔ وہ خدا کے لیے رام کا لفظ استعمال کرتے ہوئے ایک جگہ کہتے ہیں:

کتے پوجتے ہیں، سدا رام لچھمن
کتے پونچھ کہتے، الک کو نرنجن

اسی طرح شاہ تراب اپنی مثنوی من سمجھاون میں رام چندر جی کو اس طرح یاد کرتے ہیں:

صفت کرا اول اس کی، جے رام ہے گا
اسی رام سوں ہم کو آرام ہے گا
سدا رام کے نام سوں کام ہے گا
ہمن دھیان اس کا صبح شام ہے گا
وہی گل، وہی مل، وہی جام ہے گا
وہی ساقیِ بزمِ گل فام ہے گا

اس بند کی معنویت صاف اشارہ کرتی ہے کہ رام کا نام سکونِ قلب کا باعث ہے۔ یہ براہ راست ہستیِ مطلق کا تصور آنکھوں کے سامنے لاتا ہے۔

ولی سے اردو شاعری کے ایک نئے دور کا آغاز ہوتا ہے۔ وہ تصوف کے پجاری تھے، اس لیے ان کے یہاں سیکولر رجحانات کثرت سے ملتے ہیں۔ انھوں نے رام کے نام سے اپنے کلام کو اس طرح زینت بخشی:

ہوئے ہیں رام پیتم کے نین آہستہ آہستہ
کہ جیوں پھاندے میں آتے ہیں ہرن آہستہ آہستہ

دوسری جگہ ان کا جمالیاتی ذوق رام کی یاد اس طرح تازہ کرتا ہے:

گرچہ چھمن ترا ہے نام، ولے
اے صنم تو کسی کا رام نہیں

اسی طرح کی فکر سراج اورنگ آبادی کے یہاں بھی پائی جاتی ہے۔ وہ اپنے ایک شعر میں رام چندر جی کا ذکر بڑے دلنشیں انداز میں کرتے ہیں:

نین راون ہیں، ارجن بال، پلکیں اور بھویں بھم کی
ہمارے دل کی دکھ نگری کے راجہ رام چندر ہو

گویا قدیم اردو شاعری میں جو ہندوستانی کلچر اور تخیل ملتا ہے ان میں دوسری باتوں کے ساتھ ساتھ رام کے نام کو بھی بڑی اہمیت حاصل رہی ہے۔ یہ اہمیت وقت کے ساتھ ساتھ بڑھتی رہی اور رام کی عظمت کے نقوش زمانے کی رفتار کے دوش بدوش اردو شاعری میں اس قدر گہرے ہوئے کہ انیسویں صدی کے عوامی شاعر نظیر اکبر آبادی نے انھیں اپنی منظوم دعا میں خدا کے ذکر کے ساتھ جوڑ دیا۔ ان کے نزدیک خدا، اللہ، رحمن، رحیم، ایشور، شیو، ہری اور رام وغیرہ ایک ہی ذات کے مختلف نام ہیں۔ ان ناموں میں

کوئی فرق نہیں ہے۔ نظیر نے یہ لکھ کر رام کے نام پر تقدس کی جو مہر لگائی ہے وہ نقشِ دوام کی حیثیت رکھتی ہے۔ کہتے ہیں:

کوئی خالق، باری، رب، مولا، رحمان، رحیم، اللہ تنگری
کوئی الکھ روپ کرتار کہے، نرکال، نرنجن، نردھاری
کوئی رام رام کہہ کر سمرے، کوئی بولے شیو شیو، ہری ہری
کوئی دانو، دینت، دیواٹل، کوئی اچھس، دیوت، جنّ، پری
کل عالم تیری یاد کرے، تو صاحب سب کا سچا ہے

یوں اردو شاعری رام کو اپنے دامن میں جگہ دیتی رہی۔ وہ ان کی حقیقت سے باخبر تھی تبھی تو رام کے نام کی مالا جپتی رہی اور جب وہ اپنا ارتقائی سفر طے کرتے کرتے بیسویں صدی میں داخل ہوئی تو اس دور کے شعرا نے بھی اس واجب الاحترام شخصیت پر نظمیں لکھنا شروع کیں۔ اس لحاظ سے منشی نوبت رائے نظر اور پنڈت برج نرائن چکبست لکھنوی کا نام سر فہرست ہے۔ چکبست کی نظم "رامائن کا ایک سین" اور نظر کی نظمیں "دسہرہ" اور "سیتا جی" میں رام چندر جی کی شخصیت اور ان کے کردار کے گہرے نقوش ملتے ہیں۔ ان نظموں میں جذبات و حالات اور کیفیات و واقعات کی جو بے مثل عکاسی کی گئی ہے اس سے وہ افادی ادب میں اہمیت کی حامل ہو گئی ہیں۔

اسی دور کے ایک شاعر مولانا ظفر علی خان ہیں، جو لاہور سے ہفتہ وار زمیندار نکالا کرتے تھے۔ وہ کٹر مسلمان اور اپنے عقائد میں بہت مضبوط تھے۔ لیکن انھوں نے شری رام چندر جی کے عنوان سے بے مثل نظم کہہ کر اپنی وسیع النظری کا ثبوت بھی دیا ہے۔ اس نظم میں انھوں نے رام چندر جی کی سیرت کو بڑی خوبصورتی سے پیش کیا ہے اور ان کی ذات سے اپنی عقیدت و محبت کا بھرپور اظہار کیا ہے۔ وہ کہتے ہیں:

نہ تو ناقوس سے ہے اور نہ اصنام سے ہے
ہند کی گرمیِ ہنگامہ ترے نام سے ہے
میں ترے شیوۂ تسلیم پہ سر دھنتا ہوں
کہ یہ اک دور کی نسبت تجھے اسلام سے ہے
ہو وہ چھوٹوں کی اطاعت کہ بڑوں کی شفقت
زندہ دونوں کی حقیقت ترے پیغام سے ہے
نقش تہذیبِ ہنود اب بھی نمایاں ہے اگر
تو وہ سیتا سے ہے، لچھمن سے ہے اور رام سے ہے

علامہ اقبال کا نام کون نہیں جانتا۔ ان کی شاعرانہ عظمت مسلم ہے۔ ان کے کلام میں جو آفاقی اور بین الاقوامی پیغام ملتا ہے اسی نے ان کو عظیم المرتبت شاعر کا درجہ عطا کیا۔ وہ بھی رام چندر جی کا نام بہت ادب و احترام سے لیتے ہیں اور اپنی نظم "رام" میں ان کو اس طرح خراج عقیدت پیش کرتے ہیں:

لبریز ہے شرابِ حقیقت سے جامِ ہند
سب فلسفی ہیں خطۂ مغرب کے رام ہند
یہ ہندیوں کی فکرِ فلک رس کا ہے اثر
رفعت میں آسماں سے بھی اونچا ہے بامِ ہند
اس دیس میں ہوئے ہیں ہزاروں ملک سرشت
مشہور جن کے دم سے ہے دنیا میں نامِ ہند
ہے رام کے وجود پہ ہندوستاں کو ناز
اہلِ نظر سمجھتے ہیں اس کو امامِ ہند

اعجاز اس چراغِ ہدایت سے ہے یہی
روشن تر از سحر ہے زمانے میں شامِ ہند
تلوار کا دھنی تھا، شجاعت میں فرد تھا
پاکیزگی میں، جوشِ محبت میں فرد تھا

دورِ حاضر کے مشہور شاعر ساغر نظامی نے رام پر جو نظمیں کہی ہیں وہ وقیع اور جامع ہیں، ایک نظم میں وہ رام چندر جی کی زندگی کا خلاصہ اس طرح بیان کرتے ہیں:

بھارت پیارا، راج دلارا
کوشلیا کی آنکھ کا تارا
دل کا تیاگی، روپ کا رسیا
خود راجہ اور خود ہی پرجا
دھیان کی گنگا اس سے پھوٹی
گیان کی جمنا اس سے پھوٹی
سب سے الفت کرنے والا
قول کا سچا، بات کا پکا
شیو کے بان کو جیتا جس نے
جیتی سندر سیتا جس نے
عدل کا پیکر، رحم کی دنیا
شکتی اور بھکتی کا ستارا

اس نظم سے رام چندر جی کی زندگی اور ان کے کردار کی ایک اجمالی تصویر آنکھوں کے سامنے آجاتی ہے۔ رام کون تھے؟ کوشلیا کے بیٹے تھے۔ وہ علمِ معرفت میں یکتا تھے۔

گیان دھیان میں مست رہنا ان کا وظیفۂ زندگی تھا۔ ہر ایک سے محبت رکھنا ان کا اصول تھا۔ وہ قول کے سچے اور بات کے پکے تھے۔ عدل و انصاف ان کا شیوہ تھا۔ ان کی ذات رحم و کرم کا مجسمہ تھی۔ انھوں نے شیو کے بان کو توڑ کر سیتا جیسی خوبصورت بیوی حاصل کی تھی۔ گویا رام کی ذات اوصاف و کمالات کا ایک مجموعہ تھی۔ یہی تاثر ان کی دوسری نظم میں بھی ملتا ہے۔ کہتے ہیں:

جس کا دل تھا ایک شمع طاقِ ایوانِ حیات
روح جس کی آفتابِ صبحِ عرفانِ حیات
زندگی کی رفعتوں سے منزلوں اونچا تھا وہ
آسمانِ معرفت کا ایک سیارہ تھا وہ
سامنے جس کے لرز اٹھا شکوہِ سروری
وہ بہادر جس نے باطل کو شکستِ فاش دی
جس کا ہر جلوہ شعاعِ حق کا مظہر ہو گیا
ذرہ ذرہ جس کے پرتو سے منور ہو گیا
زندگی کی روح تھا روحانیت کی شان تھا
وہ مجسم، روپ میں انسان کے عرفان تھا

اس طرح اردو شاعری نے ہر دور میں رام چندر جی سے اپنی عقیدت و محبت کا اظہار کیا ہے اور رام کو ہمیشہ کے لیے اپنی تاریخ میں محفوظ کر دیا ہے۔

***

اردو کتابوں کی اشاعت اور نکاسی کے مسائل

کسی بھی سماج کی ترقی اور تنزلی کا انحصار اخلاقیات، اقتصادیات اور تعلیم پر ہوتا ہے۔ جس سماج میں دیانت داری اور قربانی کا جذبہ ہوتا ہے، جس کی اقتصادی حالت مستحکم ہوتی ہے اور جو زیورِ تعلیم سے پوری طرح آراستہ ہوتا ہے وہ سماج اپنے مسائل کا خندہ پیشانی سے مقابلہ کر کے یا اپنی عقل سے مسائل کا حل تلاش کر کے بڑی تیزی سے ترقی کرتا ہے۔ لیکن جو سماج ان تینوں شعبوں میں کمزور ہوتا ہے، وہ تعطل و بے حسی کا شکار ہو جاتا ہے۔ بے حیائی اور مردہ ضمیری اس کو اپنی گرفت میں لے لیتی ہے اور وہ مختلف مسائل سے گھر جاتا ہے۔

ہمارا اردو سماج آج انھی جذبات سے محروم ہے۔ یہ اسی کا نتیجہ ہے کہ اس کے سامنے مختلف مسائل بھیانک روپ سے منھ پھاڑے کھڑے ہیں۔ ان مسائل میں مصنف کے مسائل، مدیر کے مسائل، ناشر کے مسائل، قاری کے مسائل، درسی کتابوں کے مسائل، ترجمہ کے مسائل، کتابوں کی اشاعت، قاری کے مسائل، درسی کتابوں کے مسائل، ترجمہ کے مسائل، کتابوں کی اشاعت اور نکاسی کے مسائل آزادی وطن کے بعد ہمیشہ نمایاں رہے ہیں۔ ان کے متعلق ہمارے دانشوروں نے کئی بار سنجیدگی سے غور و فکر کر کے اظہار خیال کیا ہے۔ اس سلسلے میں وہ مفید تجاویز بھی پیش کر چکے ہیں لیکن اب تک کوئی تجویز کارگر ثابت نہیں ہو سکی ہے۔ ان مسائل کا آج بھی اردو معاشرہ اسی طرح شکار ہے جس طرح کل تھا۔ بلکہ اب تو حالت بد سے بدتر ہوتی چلی جا رہی ہے۔ ہمارا ادیب و

شاعر اس الجھن میں بری طرح مبتلا ہے۔ اسی نے ان کو مایوسیوں (Frustration) کے حوالے کیا۔ آج کے اس سیمی نار میں میرا موضوع: اردو کتابوں کی اشاعت اور نکاسی کے مسائل انھی مایوسیوں کا ایک حصہ ہے۔

کتابیں وہی لکھتا ہے جس کو اللہ تعالیٰ نے تخلیقی قوت سے سرفراز کیا ہے، جس کو تنقیدی و تحقیقی صلاحیت عطا کی ہے۔ یہ سب کے بس کی بات نہیں ہے۔ لہٰذا جن کے پاس یہ صلاحیت و قوت ہے وہ کتابیں لکھنے پر مجبور ہیں۔ پھر یہ بھی حقیقت ہے کہ ہر فنکار اپنے فن کی داد چاہتا ہے۔ یہ ایک نفسیاتی مسئلہ ہے اس سے انکار کرنے کی کس میں جرأت ہے۔ چنانچہ ہم اکثر دیکھتے ہیں کہ جب کوئی قلم کار اپنی کسی علمی و ادبی تخلیق کو مسلسل محنت کے بعد صفحہ قرطاس پر لے آتا ہے تو وہ اسے اپنے دوستوں کو سنانے یا دکھانے کے لیے بے چین رہتا ہے۔ اسے جونہی موقع ہاتھ آتا ہے وہ انھیں دکھا کر یا سنا کر ہی دم لیتا ہے۔ داد ملتی ہے تو خوش ہوتا ہے۔ خاموشی دیکھتا ہے تو مایوس ہو جاتا ہے۔ بعض افراد ایسے بھی ہوتے ہیں جو اپنے لیے کم اور معاشرے کے لیے زیادہ فکر مند ہوتے ہیں لہٰذا معاشرے کے مسائل اور اس کی خوبی و خرابی کو نگاہ میں رکھ کر انتہائی خلوص و دیانت داری سے نیک مقصد کے تحت تخلیقی عمل میں مصروف رہتے ہیں۔ تصنیف و تالیف کا فریضہ انجام دیتے ہیں۔ انھیں سود و زیاں سے کوئی مطلب نہیں ہوتا۔ بلکہ وہ اخلاص و قربانی کے جذبے کے سہارے اپنے مقصد کی تکمیل کرتے ہیں۔

انھی جذبات کے تحت کتابیں بھی وجود میں آتی ہیں لہٰذا اس کا زیور طبع سے آراستہ ہو کر سماج کے لوگوں تک پہنچنا مصنف کے نزدیک لازمی ہے تاکہ اس کی روح کو تسکین مل سکے۔ وہ اپنی کاوشوں کی داد پائے یا اپنے مقصد کی تکمیل کر سکے۔

اگر مصنف کی اقتصادی حالت مستحکم ہے اور اس میں اخلاص و قربانی کا جذبہ ہے تو

وہ اس مرحلے کو بڑی آسانی سے طے کرتا ہے۔ اگر اس کی اقتصادی حالت کمزور ہے تو اسے مختلف مسائل سے دوچار ہونا پڑتا ہے۔ مالیات کی فراہمی کے لیے اپنی انا اور خود داری کو کچل کر دوسروں کی خوشامد کرنا پڑتا ہے۔ یا اپنی ملکیت کو بگاڑ کر اپنی کتاب کو شائع کر کے منظر عام پر لانا پڑتا ہے۔ میرے علم میں ایسے کئی شاعر اور مصنف ہیں جنھوں نے اپنی کتاب کو شائع کرنے کے لیے اپنی بیوی کے زیورات اور اپنا مکان تک بیچ دیا۔

اردو کتابوں کے پبلشر ضرور ہیں لیکن چوں کہ اردو کتابی صنعت ان کے نزدیک نفع بخش نہیں ہے اس لیے وہ انھی کتابوں کو چھاپتے ہیں جو بے انتہا مقبول ہیں یا جو نصاب میں شامل ہیں۔ وہ مشہور و معروف کتابوں کے جعلی ایڈیشن شائع کر کے روپے کما رہے ہیں۔ وہ جو کتابیں اجاگری سے چھاپ رہے ہیں حد یہ ہے کہ وہ مصنف کو اور ان کے ورثا کو ان کی رائیلٹی تک نہیں دیتے۔ اگر دیتے بھی ہیں تو دال میں نمک کے برابر یہ کتنا بڑا فریب ہے۔ گویا پبلشر دیانت دار نہیں ہیں۔ انھیں صرف اپنی فکر ہے۔ وہ قانون سے بالاتر ہیں۔ یہ لاقانونیت ہمیشہ سے ہے اور شاید ہمیشہ رہے گی۔ یہاں یہ بات بتا دینا بھی ضروری معلوم ہوتا ہے کہ آج جن مشہور پبلشروں کا نام کتابوں کے سرورق پر شائع ہو رہا ہے وہ صرف اپنا نام و پتہ دینے کے ذمے داری ہیں۔ ورنہ حقیقت تو یہ ہے کہ ان کی اشاعت کا سارا خرچ عموماً مصنفین ہی برداشت کر رہے ہیں۔ وہ اسی میں خوش ہیں۔ ان حقائق کو اردو ادب کے ایک معتبر نقاد ڈاکٹر گوپی چند نارنگ نے یوں پیش کیا ہے:

"اردو میں ادبی کتابوں کے ناشر گنتی کے ہیں۔ یوں کہنے کو تو ہمارے ناشروں کی تعداد سیکڑوں تک پہنچتی ہے لیکن یہ واقعہ ہے کہ اردو کی اشاعتی صنعت انتہائی کمزور اور غیر منظم ہے۔ سوائے ایک دو اشاعت گھروں کے سب کی مالی حالت اچھی نہیں۔ جو لوگ کتابوں کی اشاعت سے پیسہ کماتے ہیں وہ سستا تفریحی ادب یا عوامی ضرورت کا

مذہبی ادب شائع کرتے ہیں۔ ادبی کتابیں شائع کرنے والے ہمیشہ حالات کا ماتم کرتے ہوئے اور اردو کتابوں کی کم فروختگی کا رونا روتے ہوئے پائے گئے ہیں۔ سنجیدہ کتابوں کے مسودے یا تو برسوں ناشروں کے طاقِ نسیاں کی زینت بنے رہتے ہیں یا پھر بعض حالتوں میں خود مصنف کو پیسے دے کر ان کی اشاعت کرانی پڑتی ہے اور اگر خوش قسمتی سے کتاب چھپ جائے تو بالعموم ناشر کا رویہ یہ ہوتا ہے گویا اس نے مصنف کو قعرِ گمنامی سے نکال کر شہرت عام کے دربار میں جگہ دے دی ہے۔ ان حالات میں معاوضے کا سوال ہی پیدا نہیں ہوتا۔" (آج کل، نئی دہلی، دسمبر ۱۹۷۷ء، ص:۲۴)

اس میں کوئی شک نہیں کہ قومی کونسل برائے فروغ اردو، نئی دہلی، ساہتیہ اکادمی، نئی دہلی، نیشنل بک ٹرسٹ آف انڈیا، نئی دہلی اور مختلف ریاستوں کی اردو اکادمیاں اردو کتابیں شائع کر رہی ہیں یا اردو کتابوں کی اشاعت کے لیے مالی تعاون دے رہی ہیں لیکن کیا سب کی رسائی ان اداروں تک ہے ؟۔ اس کے لیے بھی معیار، خوشامد اور سفارش ضروری ہے اور یہ کام سب کے بس کا نہیں ہے۔

اردو اکادمیوں پر بیشتر اردو کے نام نہاد لکچرروں ، پروفیسروں ، مفاد پرست قلمکاروں اور موقع پرست سیاسی لوگوں کا قبضہ ہے۔ وہ پہلے اپنی جیب گرم کرتے ہیں۔ پھر اپنے حاشیہ برداروں اور خوشامد پرستوں کو انعام سے نوازتے ہیں اور مسودوں کو منظور کرتے ہیں۔ میں نے اس منظر کو اپنی ریاست کی اکادمی میں اس وقت دیکھا جب خود اس میں شامل تھا۔ اس کے خلاف مسودہ اور انعامی سب کمیٹی کی ایک میٹنگ میں آواز اٹھائی تو معتوب قرار پایا۔ اکادمی کی ایک سال بعد از سر نو تشکیل ہوئی تو علاحدہ کر دیا گیا۔ گزشتہ دنوں نئی وجود میں آنے والی ریاست چھتیس گڑھ کی اردو اکادمی کے سیمی نار میں شرکت کا موقع ملا۔ معلوم ہوا کہ مذکورہ اکادمی کو بی جے پی کی حکومت نے تین سال میں ساٹھ لاکھ

روپئے دیے لیکن اس کے معزز ممبران نے اپنے جیب بے حیائی سے گرم کیا۔ بے دردی سے اس رقم کو برباد کیا۔ چند سال پہلے مہاراشٹر اردو اکادمی کے زیر اہتمام پانچ لاکھ روپیوں کا بجٹ بنا کر ناگپور میں جشن غالب کا انعقاد کیا گیا۔ جوں ہی یہ رقم خزانے سے باہر آئی۔ ڈیڑھ لاکھ روپیہ ایک وزیر کے گھر چلا گیا۔ دو لاکھ روپیہ اکادیمی کے دو ممبروں نے آپس میں تقسیم کر لیا۔ باقی رقم کھانے پینے اور مشاعرے اور سیمی نار کے دیگر لوازمات میں بے رحمی سے اڑائی گئی۔ شعر اور سیمی نار کے شر کا کورے واؤچر پر دستخط کر کے خوش ہوتے رہے اور اردو زندہ باد کا نعرہ لگاتے رہے۔ یہ ہے اس اردو معاشرے کا حال جو اس کی ترقی و بقا کا ہمیشہ سوال اٹھاتا ہے۔ اردو کتابوں کی اشاعت کے مسائل کے متعلق سوچتا رہتا ہے۔ میں سمجھتا ہوں کہ جب تک ہمارا باطن پاک نہیں ہو گا، یہ مسائل اپنی جگہ اٹل رہیں گے۔ عیار و مکار لکچرر، پروفیسر، دانشور اور سیاسی و سماجی کارکن اردو کے نام پر فائدہ اٹھاتے رہیں گے اور غریب و بے سہارا مصنفین اپنی تخلیقات کو دیکھ دیکھ کر کڑھتے رہیں گے۔

آج اگر مصنف کی جیب میں روپئے ہیں تو کتاب کی اشاعت بہت آسان ہے۔ اب کاتب کی جگہ کمپیوٹر اور لیتھو پریس کی جگہ آفسٹ مشین نے لے لی ہے۔ جلد سازی کا کام مشینوں کے ذریعہ تیزی سے ہو رہا ہے۔ خوبصورت سے خوبصورت ٹائیٹل چند دنوں میں شائع ہو رہا ہے۔ ڈیڑھ دو مہینے میں تین چار سو صفحات کی کتاب چھپ کر ہاتھ میں آ رہی ہے۔ اب نہ تو کاتب کے گھر کے چکر کاٹنے پڑتے ہیں، نہ ہی ان کی ناز برداری کرنی پڑتی ہے اور نہ ہی مسترو پلیٹ کے ضائع ہونے کا صدمہ مصنف کو برداشت کرنا پڑتا ہے۔ پہلے ان مسائل میں الجھ کر ایک مصنف کو چوٹی کا پسینہ ایڑی تک لانا پڑتا تھا۔ وہ ان میں الجھ کر جھلاہٹ اور بیزاری کا شکار ہو جایا کرتا تھا۔ لیکن جدید طرز اشاعت نے مصنف کو ان

مسائل سے آزاد کر دیا ہے۔ اب جو مسئلہ سامنے ہے وہ مالیات کا ہے۔ اگر یہ حل ہو گیا تو۔ اردو کتابوں کی اشاعت کا کوئی مسئلہ باقی نہیں رہتا۔

لیکن اگر کتاب چھپ بھی جائے تو اسے خریدے گا کون؟۔ اس کی نکاسی کیسے ہو؟ یہ بھی تو ایک زبردست مسئلہ ہے۔ آج اردو معاشرے کا یہ حال ہے کہ اس کے بی اے اور ایم اے کے طالب علم اپنی نصاب کی کتابیں خریدنے سے دامن بچاتے ہیں۔ وہ کتابیں مانگتے پھرتے ہیں۔ اردو کے وہ مدرس، لکچرر اور پروفیسر جن کی ہزاروں روپے تنخواہ ہیں اردو کی کتابیں نہیں خریدتے۔ اگر کوئی مصنف انھیں دانشور اور اہل علم سمجھ کر اپنی کتاب تحفے میں دیتا ہے تو اس کو کھول کر دیکھتے تک نہیں اور ردی میں بیچ دیتے ہیں۔ ایسی کئی کتابیں مجھ کو ردی بازار سے حاصل ہو چکی ہیں۔ شاعری کے شائقین مشاعروں میں شعرا کو دلچسپی سے سنتے ضرور ہیں اور خوب زور زور سے ان کے شعروں پر داد بھی دیتے ہیں لیکن ان کی شاعری کا مجموعہ نہیں خریدتے۔ اس صورت حال کے پیش نظر بقول ظ انصاری:

"اردو کا مصنف کس کے در پر دہائی دے۔ شاعر کے مخاطب شعر سنتے ہیں، شاعر کو نوازتے ہیں، اس کا مجموعۂ کلام نہیں خریدتے۔ ڈرامہ نگار کو نہ اسٹیج میسر ہے نہ کتاب گھر، افسانوی ادب بک جاتا ہے۔۔۔ تاریخ، تنقید اور فلسفے کے پڑھنے والے چالیس برس کے اوپر کے لوگ ہیں جن کے بجٹ میں کتابوں کی خریداری کی گنجائش بہت کم ہے۔ فنی مضامین کسی یونیورسٹی میں اردو میں پڑھائے نہیں جاتے، پڑھنے والوں میں تشنگی ہے لیکن ان کے مصنف کی نہ مانگ ہے، نہ اسے لگن۔ سائنسی تصانیف پر کل تک خاک اڑ رہی تھی۔ اب سرکاری سرپرستی نے کچھ سہولت فراہم کی ہے۔" (مصنف کے مسائل از ظ انصاری، آج کل، نئی دہلی، اکتوبر ۱۹۷۳ء، ص:۷)

ڈاکٹر ظ انصاری نے ان خیالات کا اظہار آج سے تقریباً چوتیس برس پہلے کیا تھا۔ اب تو حالت اور زیادہ خراب ہو چکی ہے۔ اتنی خراب کہ اردو کی علمی و ادبی کتابوں کے قارئین کا حلقہ بالکل سکڑ کر رہ گیا ہے۔ اردو و ادب کا دم بھرنے والوں میں نہ مطالعہ کا شوق ہے اور نہ ہی کتابوں کی خریداری کا مخلصانہ جذبہ۔ یہی وجہ ہے کہ بڑے سے بڑے مصنف کی کتاب پانچ سو سے زائد نہیں چھپتی۔ گنتی کی کتابیں بکتی ہیں اور باقی سب تقسیم ہوتی ہیں یا گھر میں رکھے رکھے دیمک کی نذر ہو جاتی ہیں۔

کتابوں کی نکاسی کا ایک اہم ذریعہ کتب خانے یا تجارتی ادارے ہیں۔ افسوس کہ یہ بھی معیاری یا قابل اعتماد نہیں ہیں۔ ان کا حال یہ ہے کہ اگر انھیں فروخت کرنے کے لیے کتابیں دی جائیں تو پھر رقم کو حاصل کرنا مصنف کے لیے جوئے شیر لانے سے کم نہیں ہے۔ ایسی صورت میں اس کو سوائے مایوسی کے اور کچھ ہاتھ نہیں آتا۔

یہ صورت حال اردو کی علمی وادبی کتابوں کی ہے۔ ان کے مقابلے میں اردو کی مذہبی کتابیں خوب فروخت ہو رہی ہیں اور ان کا مصنف و پبلشر بھی کامیاب ہے۔ بقول ظ انصاری:

"مسلمانوں کی سماجی پستی کے ساتھ (مذہبی کتابوں) کے پڑھنے والے، بیچنے والے اور کتب خانے اور بڑھ گئے ہیں۔ دنیا تو سدھرتی نہیں، آخرت ہی سدھار لیں۔ خواندگی عام ہونے سے اردو میں مذہبی تصانیف اور رسائل کی خواندگی بڑھی ہے۔ اللہ بس، باقی ہوس۔" (آج کل، نئی دہلی، اکتوبر ۱۹۷۳ء، ص:۷)

میں ذاتی تجربے، مشاہدے اور مطالعہ کی بنیاد پر اس حقیقت کو پیش کرنا چاہتا ہوں کہ مذہبی تصانیف اور رسائل کی خواندگی اور ان کتابوں کی زبردست فروخت کا سبب وہ بے شمار دینی مدارس ہیں جو برصغیر کے ہر علاقوں میں پھیلے ہوئے ہیں۔ ان مدارس میں

درس و تدریس کے ساتھ ساتھ دار المطالعہ یا لائبریری کا اہتمام بھی ہے جن کے لیے مدارس کے سالانہ بجٹ میں کتابوں کی خریداری کے لیے رقم مختص کی جاتی ہے۔ ان سے طلبہ استفادہ کرتے ہیں جن کی وجہ سے ان کے ذوق مطالعہ کو تقویت ملتی ہے۔ افسوس کہ ہمارے اردو مدارس اب لائبریری اور دار المطالعہ سے محروم ہو چکے ہیں حالانکہ کتابوں کی خریداری اور لائبریرین کی تنخواہ کے نام سے بھی حکومت انھیں گرانٹ دے رہی ہے مگر بے حسی کا یہ عالم ہے کہ منتظمین اس رقم کا ناجائز استعمال کر رہے ہیں۔ اسکولوں سے لائبریری غائب ہے اور لائبریرین کہیں چوکیدار اور کہیں کلرک کا فریضہ انجام دے رہے ہیں۔ اگر ہماری اردو اسکولوں کے منتظمین اس سلسلے میں دیانت دار ہو جائیں تو اردو کی ادبی و علمی کتابوں کی فروخت کا مسئلہ کا آسانی سے حل ہو سکتا ہے۔ اس سے طلبہ میں مطالعہ کا شوق بھی پیدا ہو گا اور ان میں آگے چل کر کتابوں کی خریداری کا جذبہ بھی پیدا ہو گا۔

اس میں کوئی شک نہیں کہ تقسیم وطن کے بعد سیاست دانوں نے اردو تہذیب و ثقافت پر جو بلڈوزر چلایا اس کے باعث اتر پردیش، بہار اور مدھیہ پردیش میں اردو اسکولوں کا خاتمہ ہو گیا لیکن ریاست مہاراشٹر میں تو یہ صورت حال نہیں ہے۔ یہاں کے لوگوں نے تو اس زبان کو اپنی مادری اور درسی زبان بنائے رکھنے کے لیے بڑی بڑی سماجی اور معاشی قربانیاں دی ہیں۔ یہ اسی کا ثمر ہے کہ پوری ریاست میں ۲۰۰۲ء۔۲۰۰۱ء کی سرکاری رپورٹ کے مطابق اردو ذریعہ تعلیم کے 2634 پرائمری اسکول جن میں 792250 طلبہ و طالبات زیر تعلیم ہیں۔ انھیں 18108 اساتذہ تعلیم دے رہے ہیں۔ اسی طرح 809 ثانوی مدارس میں 377606 طلبہ و طالبات کو 10207 اساتذہ زیور تعلیم سے آراستہ کر رہے ہیں۔ ان کے علاوہ اردو کے تقریباً سو جونیئر کالج اور ۴۲ ڈی ایڈ کالج

ہے۔ جہاں اردو کی حالت اس قدر مستحکم و مضبوط ہو وہاں اردو کتابوں کی نکاسی کا مسئلہ مضحکہ خیز معلوم ہوتا ہے۔ اردو کے تقریباً ان بیس ہزار اساتذہ میں جن کو اردو فکر معیشت سے آزاد کر چکی ہے کیا ایسے پانچ سو مخلص اساتذہ بھی نہیں جنہیں اس کی ادبی و علمی کتابیں سے دلچسپی ہو۔ یہ ایک زبردست المیہ ہے۔ اگر انھیں اساتذہ کا ضمیر جاگ جائے تو اس ریاست کے اہل قلم کی کتابوں کی نکاسی کا مسئلہ آسانی سے حل ہو سکتا ہے اور ہمیں دوسروں کا احسان بھی نہ اٹھانا پڑے۔

ان حقائق کی روشنی میں یہ بات واضح ہوتی ہے کہ ہم میں دیانت داری، خلوص اور جذبۂ قربانی کی بے انتہا کمی ہے۔ جس دن یہ کمی دور ہو گی اردو کتابوں کی اشاعت اور ان کی نکاسی کے مسائل خود بخود حل ہو جائیں گے۔

***

پریم چند

۔۔۔ایک حقیقت پسند افسانہ نگار۔۔۔

دنیا کی تمام زبانوں میں افسانہ نگاری کی ابتدا داستان سرائی سے ہوئی ہے جس میں زیادہ تر غیر فطری باتیں پیش کی گئیں ہیں اور ناممکن چیزوں کو ممکن بنایا گیا ہے۔ لیکن وقت کے ساتھ ساتھ خیالات میں تبدیلیاں آتی گئیں۔ غور و فکر کے انداز بدلے۔ سوچ نے اپنا زاویہ تبدیل کیا جس کے نتیجے میں حقائق کو افسانے کے پیکر میں ڈھالا جانے لگا۔ اردو میں افسانہ نگاری کا آغاز و ارتقا بھی بالکل اسی انداز سے ہوا ہے۔

اس زبان میں پہلے داستان کے پیرائے میں امیر حمزہ، الف لیلیٰ اور حاتم طائی جیسی کتابیں وجود میں آئیں۔ اس کے بعد فطری اور غیر فطری عناصر کو یکجا کیا گیا۔ "فسانۂ آزاد" اس کی سب سے بہترین مثال ہے۔ بعد کو غیر فطری عناصر کا غلبہ کم ہوتا گیا۔ یہاں تک کہ بیسویں صدی کی ابتدا میں انگریزی ادب سے متاثر ہو کر ہمارے قلم کاروں نے اردو میں مختصر افسانے تحریر کئے جن میں فطری اور حقیقی باتوں کو پیش کیا گیا۔ اس سلسلے میں پریم چند کا نام نمایاں حیثیت رکھتا ہے۔ وہی اردو میں مختصر افسانوں کے بانی قرار پائے ہیں۔

پریم چند افسانہ نگاری کی تاریخ میں وحید عصر اور یگانۂ روزگار ہیں۔ انھوں نے غیر فطری عناصر سے انحراف کر کے فطری عناصر پر اپنے افسانوں کی بنیاد رکھی اور انہیں

حقائق سے آشنا کیا۔ عام انسانوں کے لیے اس کے دروازے کھولے اور شہر کے بجائے گاؤں کے کھیتوں، کھلیانوں اور کسانوں سے اس کا رشتہ جوڑا۔ ان میں وطن کی محبت کا رس ٹپکایا اور انسانیت کا جوہر بھی۔ سچ پوچھو تو ان کے افسانوں میں وہ تمام سیاسی و سماجی مناظر متحرک نظر آتے ہیں جو ان کے دور میں ہندوستان کے گوشے گوشے میں جلوہ گر تھے۔ ڈاکٹر جعفر رضا نے اپنی کتاب "پریم چند کہانی کا رہنما" میں اس حقیقت کو اس طرح پیش کیا ہے:

"پریم چند کی تخلیقات کو جدید ہندوستان کے مطالعہ کا ایک اہم مواد قرار دیا جا سکتا ہے کیوں کہ انھیں کے دور سے ہندوستانی نشاۃ ثانیہ کا آغاز ہوتا ہے جس کے قدموں کی آہٹ ان کی تحریروں میں برابر محسوس ہوتی ہے۔ ملکی زندگی کی تغیر پسندی، عمل و ردِ عمل، ارتقا و رجعت پسندی، مذہب اور انسانیت سبھی کی پرچھائیاں پریم چند کی تخلیقات میں جھلکتی ہیں۔ ان کی تصویر کشی میں انھوں نے ساحل کے تماشائی کا رویہ اختیار نہیں کیا بلکہ قومی زندگی کے بیچ دھارے میں اتر کر مسائل کی بوجھی ہوئی ناؤ کو پار لگانے میں اپنے ساتھیوں کا ہاتھ بٹایا۔ پریم چند سیاسی رہنما نہ تھے کہ صرف اس کے خارجی اثرات کے اظہار تک محدود رہ جاتے۔ ان کی دوررس نظروں نے گہرائیوں میں اترنے کی کوشش کی اور ان کی تخلیقی قوتوں نے مسائل کے باطن کا جائزہ لیا۔ اس میں زندگی کی نامیاتی کیفیتیں تلاش کر کے ادب کی نئی سمتوں میں رہنمائی کی جس کے تجزیے و تفہیم میں انھیں خاطر خواہ کامیابی ہوئی۔" (ص:۱۰)

پریم چند کی افسانہ نگاری کا آغاز ۱۹۰۶ء میں ہوا۔ ان کے شعور نے جس دور میں آنکھ کھولی تھی وہ پر آشوب اور ہنگامی تھا۔ ہندوستان انگریزوں کی غلامی کی زنجیروں میں جکڑا ہوا تھا۔ تقسیم بنگال کی وجہ سے چاروں طرف شورش برپا تھی۔ انڈین نیشنل کانگریس ملک

کو آزاد کرانے کے لیے پروگرام مرتب کر رہی تھی اور ہر طرف آزادیِ وطن کے ترانے گائے جا رہے تھے۔ ان حالات سے متاثر ہو کر پریم چند نے اس مقصد کے تحت افسانے لکھنا شروع کئے کہ ان کے ذریعہ قوم کے لوگوں کے دلوں میں وطن کی محبت کے جذبات کو ابھارا جائے اور اس کے لیے اپنا سب کچھ قربان کر دینے کا جذبہ پیدا کیا جائے۔ ان کے افسانوں کا پہلا مجموعہ "سوزِ وطن" اس کا بین ثبوت ہے جو ۱۹۰۹ء میں شائع ہو کر منظر عام پر آیا۔ اس میں شامل پانچوں افسانوں میں برطانوی حکومت کے خلاف صدائے احتجاج سنائی دیتی ہے۔ یہ افسانے وطن پرستی اور حریت پسندی کے جذبات سے لبریز اور حصولِ آزادی اور تحفظِ وطن کے خیالات سے مملو ہیں۔ ان کے مطالعے سے حبِ وطن کا پرجوش جذبہ پیدا ہوتا ہے۔ یہاں ثبوت کے طور پر اس کتاب کے پہلے افسانے "دل کا سب سے انمول رتن" کا ایک اقتباس دیکھئے۔ یہ اس وقت کا منظر ہے جب افسانے کے بنیادی کردار ایک جذباتی نوجوان دل فگار کی میدان کارزار میں ایک زخمی سپاہی سے ملاقات ہوتی ہے۔ وہ اس سے کہتا ہے:

"اگر تو مسافر ہے تو اور میرے خون سے تر پہلو میں بیٹھ جا۔ کیوں کہ یہی دو انگل زمین ہے جو میرے پاس باقی رہ گئی ہے اور جو سوائے موت کے کوئی نہیں چھین سکتا۔ افسوس ہے کہ تو یہاں ایسے وقت میں آیا جب ہم تیری مہمان نوازی کرنے کے قابل نہیں۔ ہمارے باپ دادا کا دیس ہمارے ہاتھ سے نکل گیا۔ اس وقت ہم بے وطن ہیں۔ (مسکرا کر) اور گو کہ میں بے وطن ہوں مگر غنیمت ہے کہ حریف کے حلقے میں مر رہا ہوں۔ (سینے کے زخم سے چیتھڑا نکال کر) کیا تو نے یہ مرہم رکھ دیا۔ خون نکلنے دے، اسے روکنے سے کیا فائدہ؟ کیا میں اپنے ہی وطن میں غلامی کرنے کے لیے زندہ رہوں؟ نہیں ایسی زندگی سے مرنا اچھا۔۔۔"

چوں کہ ان افسانوں سے جذبۂ حریت کو تقویت مل رہی تھی اس لیے انگریز حکومت نے اس کتاب کو ضبط کر کے اس کے نسخوں کو نذرِ آتش کر دیا۔ اس حادثے کے باوجود بھی پریم چند دل برداشتہ نہیں ہوئے۔ وطن سے ان کی محبت کا رشتہ آخر عمر تک قائم رہا۔ وہ سوزِ وطن کے حسرت ناک انجام کے بعد بھی اس قسم کے افسانے وقفے وقفے سے لکھتے رہے۔ سرِ پُر غرور، بانکاز میندار، ستی، لال فیتہ، آخری تحفہ اور قاتل اسی قسم کے افسانے ہیں۔ جو یہ ثابت کرتے ہیں کہ افسانہ قوم و وطن کی خدمت کا ذریعہ بھی بن سکتا ہے۔

جذبۂ حب الوطنی کے اظہار کے ساتھ ساتھ پریم چند نے دیہاتی زندگی کی طرف بھی اپنا رخ کیا اور اسے اپنا موضوع بنایا۔ وہ ایک ایسے دور کی پیداوار تھے جب ہندوستان بحرانی دور سے گزر رہا تھا۔ برطانوی سامراج کے آتے ہی یہاں نئی حرکت و روشنی آچکی تھی۔ ایک نیا سماج و سیاسی نظام وجود میں آگیا تھا۔ پریم چند نے اس تہذیبی اور تمدنی تبدیلی کا باریکی سے مشاہدہ کیا اور اس کے پیچھے دیہاتی زندگی میں پائے جانے والے تضادات اور غریبوں کے دکھ درد کو تلاش کیا۔

انھوں نے سب سے پہلے یہ محسوس کیا کہ دیہات کے مجبور اور بے سہارا لوگ کس طرح اپنی روزی روٹی کمانے کے لیے رات دن سخت سے سخت محنت کرتے ہیں اور اپنی زندگی کو خوشگوار بنانے کی تمنا اپنے دل میں لے کر اس دنیا سے رخصت ہو جاتے ہیں۔ انھوں نے دیہات میں ہرے بھرے کھیت، کھلی کھلی فضا، مویشی، نہر اور تالاب دیکھے۔ لیکن ان کی قوتِ مشاہدہ نے ان سے کوئی اثر قبول نہیں کیا۔ بلکہ وہ محنت کش کسانوں پر سود خور مہاجنوں کے ظلم و ستم کو دیکھ کر بے حد متاثر ہوئے۔ انھوں نے شدت سے یہ بات محسوس کی کہ لوگوں کو بھوک سے نجات دلانے والے کسان خود کس طرح بھوکے

رہتے ہیں۔ انہیں مہاجن اپنی ذلیل چالوں سے ساری عمر کس طرح لوٹتے رہتے ہیں۔ اور کس طرح کسانوں میں معمولی معمولی باتوں پر ان کی جہالت کے سبب آپس میں لڑائیاں ہوتی ہیں۔ انھوں نے انہیں حقائق کے پیکر میں اپنے افسانوں کو ڈھالا اور اس میں وہ ملکہ حاصل کیا کہ پریم چند اور دیہات لازم و ملزوم ہو کر رہ گئے۔ ان کے افسانوں کا ایک بڑا حصہ دیہاتی ماحول، معاشرت، تہذیب اور زندگی کا ترجمان ہے۔

پریم چند انسانیت نواز اور انسان دوست تھے۔ یہی وجہ ہے کہ انھوں نے اپنے افسانوں میں پہلو بدل بدل کر نچلے طبقوں کے احساسات و جذبات کی ترجمانی کی ہے اور ان کے مسائل پر بھرپور روشنی ڈالی ہے۔ وہ اس طبقے کو نہ صرف ہمدردی اور انسانیت کی نظر سے دیکھتے ہیں بلکہ لوگوں کو ان کے ساتھ ہمدردانہ سلوک کرنے کا درس بھی دیتے ہیں۔

انہیں اسی لحاظ سے اردو افسانہ نویسی کی تاریخ میں ایک جداگانہ مقام حاصل ہے کہ انھوں نے غریب مزدور، مظلوم کسان اور حقیر چمار کو زندگی بخشی اور انہیں سماج میں پہلی مرتبہ برابری کا درجہ دینے پر زور دیا۔ نیز چھوت چھات کی تفریق، ذات پات کی تقسیم، نسلی امتیاز اور احساسِ برتری کے خلاف علم بغاوت بلند کیا۔ اس سچائی کو ڈاکٹر احتشام حسین نے اس طرح نمایاں کیا ہے:

"وہ (پریم چند) ہندوستانی عوام کی روح میں اتر کر ان کے دکھ درد، ان کے کرب و اضطراب، ان کی مایوسی اور امید، ان کے خوابوں اور خیالوں کو دیکھ سکتے تھے۔ وہ انھیں اس جال سے نکال کر ایک بہترین زندگی کا خلعت دینا چاہتے تھے جس میں وہ صدیوں سے جکڑے ہوئے تھے۔ وہ براہ راست عوام کے پاس گئے اور ان کی تکلیفوں اور خوشیوں میں شریک ہوئے۔ انھوں نے عوام کے مقابلے میں دوسرے طبقات کے مظالم کا پردہ چاک کیا۔"

(تنقید اور عملی تنقید، ص:۱۲۳)

پریم چند نے اپنے افسانوں میں سماج کے ان لوگوں کی عکاسی دردمندی سے کی جن کے دل ظلم وستم کے تیروں سے زخمی تھے۔ وہ ایک حقیقت پسند افسانہ نگار تھے اس لیے واقعات کی سنگینی اور غریبوں، مجبوروں اور مظلوموں کی بدحالی کا تجزیہ بے باکی سے کرتے تھے۔ انھیں ستم رسیدہ اور کچلے ہوئے افراد سے دلی ہمدردی تھی۔ وہ ان کا استحصال کرنے والوں سے شدید نفرت کرتے تھے۔

ان کے جن افسانوں میں جیتے جاگتے مظلوم، بے بس اور مجبور انسان نظر آتے ہیں ان میں ان کا افسانہ کفن شاہکار ہے۔ یہ ان کے افسانوں کی معنویت اور اس کی قدر و قیمت کو سمجھنے میں اہم کردار ادا کرتا ہے۔ یہ وہ افسانہ ہے جو ۱۹۳۵ء سے آج تک پھیلی ہوئی افسانہ نگاری کی بنیاد ہے۔ یہ ہمارے افسانے کی زندگی میں سنگ میل کی حیثیت رکھتا ہے۔ اس سے افسانہ نگاروں نے حقیقت نگاری کا سلیقہ سیکھا۔ اسی نے ترقی پسند افسانہ نگاروں کو راستہ دکھایا۔

اس کی روح یہ ہے کہ ایک گاؤں کا غریب چمار گھیسو اور اس کا بیٹا مادھو کاہل، سست اور کام چور ہے۔ مادھو کی بیوی بدھیا اپنے شوہر اور خسر کی یہ حالت دیکھ کر خوب محنت و مزدوری کرتی ہے اور سب کا پیٹ پالتی ہے۔ جاڑے کی ایک سرد رات میں جب سارا گاؤں تاریکی میں جذب تھا وہ دردِ زہ میں مبتلا ہو کر پچھاڑے کھاتی ہے تو اس وقت گھیسو ور مادھو کو اس پر ذرا بھی ترس نہیں آتا۔ دونوں الاؤ کے سامنے بیٹھ کر بھنے ہوئے آلوؤں سے اپنے پیٹ کی آگ بجھانے میں مصروف رہتے ہیں۔ ان پر اس کی لرزہ خیز چیخوں کا کوئی اثر نہیں ہوتا۔ وہ وہیں اپنے پیٹ کی آگ بجھانے کے بعد اپنی دھوتیاں اوڑھ کر سو جاتے ہیں۔ بدھیا رات بھر تکلیف میں مبتلا رہ کر تڑپ کر مر جاتی ہے۔ صبح اس کی

لاش دیکھ کر دونوں مصنوعی رنج و غم کا اظہار کرتے ہیں اور آنسو بہاتے ہیں۔ اس کے کفن کے لیے گاؤں سے چندہ کر کے پانچ روپے جمع کرتے ہیں لیکن اس رقم کو بھی شراب و کباب میں لٹا دیتے ہیں۔ پوریاں کھانے کے اس منظر کی پریم چند جو عکاسی کی ہے وہ بے رحمی کی ایک ایسی تصویر آنکھوں کے سامنے لاتی ہے جو انسانیت کو شرمسار کر دیتی ہے۔ دیکھئے:

"دونوں اس وقت اس شان سے بیٹھے ہوئے پوریاں کھا رہے تھے جیسے جنگل میں کوئی شیر اپنا شکار اڑا رہا ہو۔ نہ جواب دہی کا خوف تھا، نہ بدنامی کی فکر۔"

اس افسانے میں غربت کے نتیجے میں پیدا ہونے والی مردہ ضمیری اور بے حسی کو پریم چند نے بڑی خوبی سے واضح کیا ہے اور بے رحمی کی ایک ایسی تصویر کھینچی ہے جس کو پڑھ کر دل کانپنے لگتا ہے۔

کسان جو عام لوگوں کے لیے دن رات محنت و مشقت کر کے فصل تیار کرتا ہے اس کی خود کی زندگی مفلوک الحال اور قابل رحم ہوتی ہے۔ وہ قرض کے بوجھ کے نیچے دبا رہتا ہے اور جب مرتا ہے تو اپنی نسل کے لیے یہی میراث چھوڑ جاتا ہے۔ پریم چند نے سفید خون میں کسان کی اقتصادی بدحالی، بھوک اور مفلسی کی بڑی دردناک تصویر کھینچی ہے لیکن اسی کے ساتھ ان کے عزم وہمت کا یہ منظر بھی دکھایا ہے:

"بیساکھ کی وہ جلتی ہوئی دھوپ، آگ کے جھونکے زور زور سے ہرہراتے ہوئے چلتے تھے اور وہاں ہڈیوں کے بے شمار ڈھانچے جن کے بدن پر عریانی کے سوا کوئی لباس نہ تھا، مٹی کھودنے میں مصروف تھے۔ گویا مرگھٹ تھا جہاں مردے اپنے ہاتھوں اپنی قبریں کھود رہے تھے۔"

ہندو قانونِ وراثت کے مطابق باپ کے مرنے کے بعد اس کی ساری جائیداد اس

کے بیٹوں کی ہو جاتی ہے۔ اس میں بیٹیوں کا کوئی حق نہیں ہوتا۔ اگر ماں زندہ ہو تو وہ صرف گزارہ لینے کی حقدار ہے۔ یہ قانون سماج کے لیے سود مند ہے یا نقصان دہ یہاں اس سے بحث نہیں ہے لیکن پریم چند کے افسانے بدنصیب ماں سے یہ حقیقت ظاہر ہوتی ہے کہ پنڈت اجودھیاناتھ کے انتقال کے بعد ان کی بیوہ پھول متی اس قانون سے شکار کی گئی اور اس طرح اس کی خوش نصیبی بدنصیبی میں تبدیل ہوئی۔ جب اس کو یہ علم ہوا کہ یہ سب ہندو قانونِ وراثت کا نتیجہ ہے تو وہ غصہ سے آگ بگولہ ہو گئی اور بہت ہی تلخ لہجے میں اپنے چاروں بیٹوں سے کہا:

"گھر میں نے بنوایا ہے، روپئے میں نے جوڑے، باغ میں نے خریدا، اور آج اس گھر میں غیر ہوں۔ منو نے یہی قانون بنایا ہے؟ اچھی بات ہے۔ اپنا گھر بار لو۔ میری جان چھوڑو، اس طرح محتاج بن کر رہنا مجھے منظور نہیں۔ اس سے کہیں اچھا ہے کہ مر جاؤں۔ واہ رے اندھیر! میں نے ہی درخت لگایا اور میں ہی اس کا پتہ نہیں توڑ سکتی۔ میں نے گھر بنوایا، میں ہی اس میں نہیں رہ سکتی۔ اگر یہی قانون ہے تو اس میں آگ لگ جائے۔ اگر میں جانتی کہ میری یہ درگت ہونے والی ہے تو ساری جائیداد اپنے نام کرا لیتی۔"

اس کے بعد پھول متی نے اپنے ہی گھر میں ایک خادمہ کی حیثیت سے زندگی گزاری۔ اسی حال میں روز و شب گزر رہے تھے کہ ایک دن ساون کی برسات میں وہ علی الصبح اپنے بڑے بیٹے کامتاناتھ کے لیے گن گا جل لینے گئی۔ گنگا بڑھی ہوئی تھی۔ جوں ہی کلسا لیے سیڑھیوں کے نیچے اتری اس کا پاؤں پھسلا اور وہ لہروں میں سما گئی۔

پریم چند کے افسانوں میں ایک خوبی یہ بھی ہے کہ ان میں اصلاحی عناصر جابجا ملتے ہیں۔ انھوں نے سماج میں رائج بے ہودہ رسم و رواج پر کڑی نکتہ چینی کی ہے، مذہب کے نام نہاد ٹھیکیداروں کی مذمت کی ہے۔ بیواؤں کی شادی پر زور دیا ہے۔ قرض کی برائیاں

اور سود کے نقصانات گنوائے ہیں، ایمانداری، خلوص، ہمدردی اور نیک نیتی کے فوائد بتائے ہیں۔ اچھائی اور برائی کے درمیان امتیازی خط کھینچا ہے اور یہ واضح کیا ہے کہ اچھے اور برے کاموں کے کیا نتائج برآمد ہوتے ہیں۔ انھوں نے مکر و فریب، جعل سازی، جھوٹ اور تعصب جیسے جرائم کا ذکر کر کے اس حقیقت کا انکشاف کیا ہے کہ ان سے انسان کس درجہ ذلیل اور رسوا ہوتا ہے۔ اس کے برخلاف اخوت، مساوات، ہمدردی اور بردباری کے صلے میں وہ کیا پاتا ہے۔ اس لحاظ سے ان کے افسانے شکوہ شکایت، شانتی، روشنی، مالکن، گلی ڈنڈا، انصاف کی پولس، نمایاں حیثیت رکھتے ہیں۔

انھوں نے شکوہ شکایت میں گھریلو زندگی کی عکاسی کی ہے اور اس حقیقت کو واضح کیا ہے کہ ہندوستانی عورت اپنے شوہر سے اختلاف تو کر سکتی ہے لیکن اس کے ساتھ اپنی محبت میں کوئی کمی آنے نہیں دیتی۔ وہ اپنی ساری خوشیوں کو اس کے قدموں پر نثار کرنے کے لیے ہمیشہ آمادہ رہتی ہے۔ شانتی میں ایک بیوہ عورت کی مشکلات و مصائب کا خندہ پیشانی سے مقابلہ کرتے ہوئے تصویر دکھائی گئی ہے جو عزم و ہمت کے جذبات کو ابھارتی ہے۔ روشنی میں اس سچائی کو اجاگر کیا گیا ہے کہ وہی انسان، انسان کہلانے کا مستحق ہے جس کا آئینۂ دل گردِ کدورت سے صاف ہو۔ جو دوسروں کے مصائب میں کام آتا ہو، ہر دکھ کو اپنا دکھ سمجھتا ہو اور ہر تکلیف کو اپنی تکلیف جانتا ہو۔ جو مجبوروں اور بے سہاروں کے کام آئے اور غم زدہ لوگوں کی آنکھوں سے آنسو پونچھے۔

اگر ایک انسان میں یہ اوصاف نہیں ہیں تو فقط اعلا ڈگریاں حاصل کر لینے سے اس کی شخصیت کی تکمیل نہیں ہو سکتی۔ ایسا شخص با اخلاق و با کردار ان پڑھ کے مقابلے میں کوئی اہمیت نہیں رکھتا۔ اس افسانے میں گاؤں کی ایک ناخواندہ عورت نے زبردست آندھی میں ایک آئی سی ایس افسر کے ساتھ جس ہمدردی و انسانیت کا مظاہرہ کیا اور اس

سے متاثر ہو کر اس نے اپنے جن تاثرات کا اظہار کیا دراصل وہی اس افسانے کی روح ہے۔ وہ کہتا ہے:

"اگر تعلیم فی الاصل تہذیب النفس ہے اور محض اعلا ڈگریاں نہیں تو یہ عورت تعلیم کی معراج کو پہنچی ہوئی ہے۔"

پریم چند کے دیگر افسانوں میں بھی اسی طرح کی اخلاقیات ملتی ہیں۔ جو جوہر انسانیت سے مزین ہیں۔ وہ اپنے افسانوں میں سفید اور سیاہ، جھوٹ اور سچ، ظلم اور احسان کو الگ الگ کر کے دکھاتے ہیں اور لوگوں کو سچائی کی دعوت دیتے ہیں۔ چنانچہ عبد الماجد دریا بادی لکھتے ہیں:

"شرافت پریم چند کے قلم کی جان اور روحِ انسانیت کی بیداری ان کے افسانے کا عنوان ہے۔ ان کے افسانے اس کام کے نہیں کہ نوجوانوں کے نفسیاتی خیالات کو بھڑ کائیں، اکسائیں، وہ اس غرض کے لیے ہیں کہ روح کی پاکیزگی کو جگائیں، گرمائیں۔ منظر کیسا ہی گندہ ہو ان کی نظرِ انتخاب ہمیشہ انہی عنصروں کو چن لیتی ہے جو نفس کو نہیں روح کو تڑپائیں۔۔۔ اور بدی کی نہیں نیکی کی قوت کو حرکت میں لائیں۔"

پریم چند بنیادی طور پر ایسے افسانہ نویس ہیں جو اپنے سارے شعور اور اپنی حسیت کو جمالیاتی تجربے میں ڈھال کر پیش کرتے ہیں۔ وہ اپنے آرٹ کا تانا بانا اپنے کرداروں سے تیار کرتے ہیں اور اس خوبی سے تیار کرتے ہیں کہ ان کے تمام کردار چاہے ان کا تعلق کسی بھی جنس یا طبقے سے ہو اپنی اپنی حیثیت اور مرتبے کے لحاظ سے کام کرتے ہوئے نظر آتے ہیں۔ ان کے افسانوں میں اس نئی حسیت کی گونج سنائی دیتی ہے جو ان کے سامنے بکھر رہی تھی۔ یہی وجہ ہے کہ ان کے یہاں جذباتیت سے بھرا ہوا اسلوب ملتا ہے۔ انھوں نے اپنے افسانوں میں جو زبان استعمال کی ہے وہ انتہائی سادہ، صاف اور مبالغے سے پاک ہے۔

یہ اسی کا نتیجہ ہے کہ ان کے یہاں فطری مناظر اور واقعات میں حسن و تاثر ملتا ہے۔ وہ جامد منظر کو بھی لفظوں کے سہارے بڑی خوبصورتی سے پیش کرتے ہیں۔ ان کا حقیقت نگار قلم معمولی واقعات کی ایسی دلچسپ تصویریں کھینچتا ہے کہ وہ نظروں کے سامنے گھومنے لگتے ہیں۔ انہیں خوبیوں نے ان کے افسانوں کو دائمی زندگی عطا کی ہے۔ واقعی وہ ایسے افسانہ نویس تھے کہ آج تک اس میدان میں ان کا کوئی ہمسر نہ ہو سکا۔

***

نامی مدراسی اور مدینۃ الانوار

نامی، مدراس کے ایک باکمال مثنوی گو شاعر تھے۔ وہ اس صنف کے شہنشاہ مانے جاتے ہیں۔ ان کی شاعرانہ عظمت کا اندازہ اس بات سے لگایا جاسکتا ہے کہ ارکاٹ کے نواب عمدۃ الامرا غلام حسین ممتاز (۱۷۹۵ء۔۱۸۰۱ء) انھیں سودا، آبرو، مرزا مظہر جان جاناں اور میر سوز پر ترجیح دیتے تھے۔ وہ ان کے دربار کے ملک الشعرا تھے۔(۱)

نامی کے والد حامد علی خان اتر پردیش کی ایک مردم خیز زمین گوپامؤ کے رہنے والے تھے۔ وہ نواب محمد علی خان والا جاہ کے عہد میں نقلِ مکانی کر کے مدراس آئے اور وہیں مستقل سکونت اختیار کرلی۔(۲) نصیر الدین ہاشمی نے اپنی کتاب مدراس میں اردو میں نامی کے حالات پر جو روشنی ڈالی ہے اس سے یہ بات معلوم ہوتی ہے کہ ان کا نام غلام اعزالدین خان تھا۔(۳) لیکن محی الدین قادری زور نے تذکرہ اردو مخطوطات (جلد اول) میں نامی کے دو قلمی نسخے نوبہارِ عشق اور بہارستانِ عشق کا تعارف کراتے ہوئے ان کا نام عزیزالدین خان بتایا ہے اور ثبوت میں یہ دو شعر نقل کیے ہیں۔:(۴)

ہے عزیزالدین نامی کمتریں

رحم کر اے رحمۃ اللعالمین

ہے بس عاجز عزیزالدین نامی

کہ اس کو دو جہاں میں کر گرامی

نصیر الدین ہاشمی کے مطابق نامی ۱۱۸۱ھ (۱۷۶۷ء) میں ارکاٹ میں پیدا ہوئے۔ جبکہ نامی نے خود اپنی مثنوی بہارستانِ عشق میں چیناپٹن کو اپنا جائے پیدائش بتایا ہے (چیناپٹن یا چنئی پٹن مدراس کا پرانا نام ہے۔ اب مدراس پھر چنئی ہو گیا ہے۔)۔ لکھتے ہیں (۵):

مولد اس عاصی کا ہے چیناپٹن

علیم صبانویدی نے اپنی کتاب تمل ناڈو کے مشاہیر ادب میں نامی کا نام اعزالدین اور خطاب خان بہادر مستقیم جنگ بتایا ہے۔ ان کے مطابق نامی ۱۱۸۱ھ (۱۷۶۷ء) میں مدراس میں پیدا ہوئے۔(۶)

نامی نے اپنے دور کے ایک جید عالم مولانا حافظ محمد حسین سے عربی اور فارسی کی تعلیم حاصل کی اور شاعری میں ایک بلند پایہ عالم و شاعر مولانا باقر آگاہ سے اصلاح لی۔ (۷) آگاہ نے ان کے شعری ذوق میں اس قدر نکھار پیدا کیا کہ انھیں اس فن پر مکمل عبور حاصل ہو گیا۔ ان کی مثنویاں اس حقیقت کی شاہد ہیں۔ انھوں نے ۱۸ جمادی الاول ۱۲۴۰ھ (۱۸۲۴ء) کو مدراس میں رحلت فرمائی اور سمندر کے ساحل کے قریب اپنے باغ میں دفن کیے گئے۔ اب اس جگہ مدراس پریسیڈنسی کالج ہے۔(۸)

نامی نہ صرف اردو بلکہ عربی و فارسی میں بھی شعر کہتے تھے۔ وہ کبھی نامی اور کبھی مستقیم تخلص کرتے تھے۔ انھوں نے اپنا دیوان مرتب کرنے کے علاوہ کئی مثنویاں لکھی تھیں۔ کاوش بدری نے اپنے مضمون: تامل ناڈو میں اردو کی ادبی تاریخ، میں ان کی گیارہ مثنوی کے نام گنائے ہیں اور ان پر اس طرح روشنی ڈالی ہے:(۹)

"نامی کی مثنویاں اتنی وقیع اور جاندار ہیں کہ ریسرچ اسکالروں کی آنکھیں چکا چوند

ہو سکتی ہیں۔ نامی کی بے شمار تصانیف اور متعدد مثنویوں میں (۱) مثنوی بہارستانِ عشق (۱۷۹۸ء)، (۲) مثنوی شیریں خسرو، (۳) مثنوی وفات نامہ نبی موسوم بہ مدینۃ الانوار (۱۷۹۸ء)، (۴) مثنوی داغستانِ کلفت (۱۸۱۵ء) (یہ مثنوی موصوف کی دختر طاہرہ کی رحلت پر کہی گئی ہے جو آگ کی زد میں آکر جل گئیں۔ "داغِ طاہرہ آہ"۔ مادۂ تاریخ ہے)، (۵) مثنوی نوبہارِ عشق (۱۷۹۷ء) (جس کو پروفیسر مولانا محمد یوسف کوکن عمری نے مدراس یونیورسٹی سے ۱۹۵۵ء میں مرتب فرماکر نوری پریس، مدراس سے شائع کیا ہے)۔ (۶) مثنوی سلیمان و بلقیس الموسوم بہ بوستانِ بہشت (۱۸۱۰ء۔ ۱۸۱۱ء)، (۷) مثنوی قادر ولی گنج سوالی الموسوم بہ گنجِ قدرت (۱۸۱۷ء)، (۸) مثنوی قصہ بنارس، (۹) مثنوی نظم نامۂ خواب، (۱۰) مثنوی فردوس اعجاز (قصہ چندربدن مہیار)، (۱۱) مثنوی ساقی نامہ الموسوم بہ میخانۂ کیفیت (۱۸۱۱ء) وغیرہم قابلِ ذکر ہیں۔"

ان میں سے نوبہارِ عشق، بہارستانِ عشق، بلقیس و سلیمان اور مدینۃ الانوار حیدرآباد کے کتب خانوں میں مخطوطے کی شکل میں موجود ہے۔ ان کا تعارف محی الدین قادری زور نے تذکرہ اردو مخطوطات (حصہ اول) اور نصیر الدین ہاشمی نے اردو مخطوطات (حصہ اول) میں کرایا ہے۔ تامل ناڈو کے مشاہیر ادب میں علیم صبانویدی نے ان میں سے ان چھ مثنویوں پر اجمالی روشنی ڈالی ہے: بلقیس و سلیمان، نوبہار عشق، بہارستانِ عشق، مدینۃ الانوار، سلیمان نامہ اور گنجِ قدرت۔

ان مثنویوں میں مثنوی وفات نامۂ نبی موسوم بہ مدینۃ الانوار ہماری تحقیق کا اصل موضوع ہے لہٰذا یہاں اس پر روشنی ڈالی جاتی ہے۔ نصیر الدین ہاشمی اپنی کتاب اردو مخطوطات (حصہ اول) کے ص: ۱۹۵ پر اس مثنوی کے ایک مخطوطے کا تعارف کراتے ہوئے لکھتے ہیں کہ "یہ مخطوطہ ۱۰۰ صفحات پر مشتمل ہے، اس کا سائز ۵ x۹ ہے، اس کے

ہر صفحے پر ۱۳ سطریں ہیں اور یہ خط نستعلیق میں لکھا ہوا ہے۔ اس میں حمد، نعت، منقبت اور باقر آگاہ کی مدح کے بعد حضور اکرم ﷺ کی وفات کا حال تفصیل سے بیان کیا گیا ہے اور مصنف نے یہ بھی واضح کر دیا ہے کہ اس کتاب کو اس نے مولانا شاہ عبدالحق کی کتاب "مدارج" کی مدد سے تحریر کیا ہے۔ ابتدائی اشعار یہ ہیں:

لائق حمد ہے اسی کی ذات
جس کے قبضہ میں سب کی موت و حیات
وہی ہے بخشا ہے دو جہاں کو وجود
وہی کرتا ہے سب کی تئیں نابود

اور خاتمہ ان اشعار پر ہوتا ہے:

اور شفاعت دے اس کی روز قیام
مجھ کو یاذوالجلال ولاکرام
نامی اب تو وفات نامہ کو
ختم کر دو مرثیوں ہی پو

ہاشمی نے اس کا سالِ تصنیف ۱۲۲۰ھ (۱۸۰۵ء) لکھا ہے۔ یہ نسخہ ۱۲۹۲ھ (۱۸۷۵ء) میں نقل کیا گیا ہے، جیسا کہ ترقیمہ کی اس عبارت سے ظاہر ہے: "وفات نامہ تصنیف نامی بتاریخ نوزدہم ذیحجہ ۱۲۹۲ھ، روز دوشنبہ باتمام رسید۔"

علیم صبا نویدی نے اپنی کتاب تامل ناڈو کے مشاہیر ادب (ص:۲۰۹) میں اس مثنوی پر صرف نو سطروں میں روشنی ڈالی ہے۔ انھوں نے اس کا سال تصنیف ۱۲۱۹ھ (۱۸۰۴ء) بتایا ہے اور یہ بھی لکھا ہے کہ اس میں بارہ سو اشعار ہیں۔ اس وضاحت کے بعد

وہ لکھتے ہیں کہ اس مختصر مثنوی میں نامی نے آنحضرت ﷺ کے حالات و مرض و وفات نظم کیے ہیں۔ حمد و نعت و مناجات کے بعد اپنے استاد باقر آگاہ کی مدح سرائی کی ہے۔ پھر مثنوی کی بحر کو ظاہر کرنے کے لیے پانچ دعائیہ اشعار نقل کیے ہیں۔

وفات نامہ (مدینۃ الانوار) کا ایک قلمی نسخہ ہماری لائبریری میں ہے۔ اس کا آغاز و اختتام اسی طرح ہے جیسا کہ ہاشمی نے وفات نامہ کا تعارف کرواتے ہوئے اردو مخطوطات (حصہ اول) میں بتایا ہے۔ اس نسخہ کا سائز 6 x 4، مسطر ۹ سطری اور ضخامت ۱۴۲ اصفحات ہے۔ یہ خط نستعلیق میں لکھا ہوا ہے۔ ترقیمے کی عبارت سے یہ ظاہر ہوتا ہے کہ اس کو عباس علی نے ۱۲۵۰ھ (۱۸۳۴ء) میں میر محمد اشرف کی فرمائش پر نقل کیا تھا۔ عبارت یہ ہے:

"بفضلہ تعالیٰ کتاب مدینۃ الانوار حسب الفرمائش حضرت ماموں میر محمد اشرف صاحب قبلہ بجلدی تمام موافق اصل حسن انصرام پذیرفت۔۔۔ می نوشتم آنچہ دیدہ در کتاب۔۔۔ الکاتب عباس علی، ۱۲۵۰ ہجری۔"

اس مخطوطے کے کاتب اور فرمائش کنندہ، دونوں ناگپور کے رہنے والے ہیں۔ حاجی سید عباس علی اپنے وقت کے مشہور عالم اور کہنہ مشق شاعر تھے۔ اردو اور فارسی میں شعر کہتے تھے۔ شہرت ان کا تخلص تھا۔ ان کی ایک تصنیف نعیما (۱۲۶۱ھ) قلمی شکل میں محفوظ ہے۔ اس میں انھوں نے شیخ سعدی کی کریما کے اشعار پر فارسی میں تضمین کی ہے۔ معدنِ عصمت (۱۸۷۳ء) کے نام سے ایک مثنوی بھی لکھی تھی، جو نایاب ہے۔ انھوں نے ۱۸۸۸ء میں رحلت فرمائی۔ میر سید محمد اشرف ایک ذی علم اور درویش صفت انسان تھے۔ ان کا انتقال ۱۲۶۷ھ (۱۸۵۹ء) میں ناگپور میں ہوا۔ ان دونوں کی وفات کی تاریخیں سید محمد عبدالعلی عادل ناگپوری نے کہی ہیں، جو ان کے دیوانِ تاریخات میں

موجود ہیں۔ ان تفصیلات سے یہ بات پایۂ ثبوت کو پہنچ جاتی ہے کہ یہ مخطوطہ ناگپور میں لکھا گیا ہے۔ اس کے مطالعے کے بعد جو اہم باتیں سامنے آئی ہیں، وہ مندرجہ ذیل ہیں:

۱۔ ہاشمی اور علیم صبا نویدی نے نامی کا نام غلام اعزالدین خان اور زور نے عزیزالدین خان لکھا ہے۔ لیکن اس مخطوطے سے نامی کا نام اعیزالدین ظاہر ہوتا ہے۔ دیکھئے:

ہے نہایت حزیں اعیزالدیں
بخش شاہا کہ تابِ صبر نہیں
(ص:۱۰)

۲۔ اس میں ابیات کی مجموعی تعداد بارہ سو ہے۔

۳۔ ہاشمی نے اس کا سال تصنیف ۱۲۲۰ھ (۱۸۰۵ء) اور علیم صبا نویدی نے ۱۲۱۹ھ (۱۸۰۴ء) لکھا ہے۔ اس نسخے کے آخری شعروں سے معلوم ہوتا ہے کہ یہ مثنوی، جس کا اصل نام مدینۃ الانوار ہے ۱۲۱۳ھ (۱۷۹۸ء) میں لکھی گئی ہے۔ نامی کہتے ہیں:

فضل سے حق کے اب بحسنِ نظام
ہو گیا یہ وفات نامہ تمام
اس رسالہ کو میں نے کر تیار
نام رکھا مدینۃ الانوار
ختم کر جب وفات کا احوال
اس کی تاریخ کا کیا میں خیال
سن کے ہاتف نے یہ کہا رو رو
"صلوٰۃِ خدا نبی پو ہو"
---۱۲۱۳ھ---

نامی نے مثنوی کی ابتدا حمد سے کی ہے اور اس سلسلے میں ۱۹ شعر کہے ہیں، جو انتہائی سلیس، سادہ، عام فہم اور رواں دواں ہیں۔ چند شعر دیکھئے:

لائقِ حمد ہے اسی کی ذات
جس کے قبضہ میں سب کی موت وحیات

وہی بخشا ہے دو جہاں کو وجود
وہی کرتا ہے سب کے تئیں نابود

ذات کو اس کی ہے قیام مدام
نہیں عالم کتیں مدام قیام

نہ رہے گا زمیں پہ یک انساں
اس سوا کل من علیھافاں

وہی ہیگا قدیم وجگ حادث
سب ہے مبعوث اور وہ ہے باعث

حیّ وقیوم ہے اسی کا نام
وہی آغاز ہے، وہی انجام

وہی مردوں کو بخشا ہے جی
یخرج المیت من الحیّ

خاک سے خلق کو کیا پیدا
پھر اسے خاک میں ملادے گا

کام اس کا ہی جاں نوازی ہے
حکم میں اس کے سرفرازی ہے

فیض سے اس کے زندگانی ہے

زندگانیِ جاودانی ہے
وصف میں اس کی ذہن ہے کورن
عقل کو یاں نہیں مجالِ سخن
عجز کا کر اپنے کر کے نامی بیاں
کر مناجات میں دراز زباں

اس کے بعد ۲۳ شعر کی مناجات ہے، جس میں نامی نے اللہ تبارک وتعالیٰ کے حضور میں اپنے گناہوں کا اعتراف کر کے معافی مانگی ہے اور دعا کی ہے کہ ان کے دل میں اللہ تعالیٰ کی حقیقی محبت پیدا ہو جائے اور اس کی معرفت حاصل ہو جائے۔ اس طرح پوری مناجات توحید کے گرد گھومتی ہے۔ اس میں وہ اپنے والدین، بھائی بہن اور اہل وعیال کی سلامتی کے لیے بھی دعا کرتے ہیں:

احد اًسامع المناجات
صمد اکافِی للھُمّات
یاالٰہی تو ہے کریم ورحیم
ہوں میں بندہ گنہگار عظیم
گرچہ خالی ہوں تیری طاعت سے
پر بھرا ہوں تری اطاعت سے
سر سے پا تک اگرچہ گندہ ہوں
ہوں سو ہوں اب تو تیرا بندہ ہوں

یا شقی، یا سعید تیرا ہوں
کمترینِ عبید تیرا ہوں
اور کچھ جانتا نہیں بد و نیک
پر تجھے جانتا ہوں دل سے ایک
فضل سے تیرے ہے مری بنیاد
یا تو آباد کر دے یا برباد
تو نہ بخشے تو کون بخشے گا
تو ہی وہّاب ہیگا دو جگ کا
اپنے سے مجھ کو آشنائی دے
الفتِ غیر سے رہائی دے
یاد سے اپنی بھر دے سینہ کو
درد سے پُر کر اس سفینہ کو
محو کر آنکھ سے تصورِ غیر
ہے یہی آرزو مری پس خیر
دل میں شیطان کو نہ سیر کرا
اس حرم کے تئیں نہ دیر کرا
روح کو دے شرابِ روحانی
دل سے جک کر ہوائے نفسانی
نفسِ سرکش سے رکھ مجھے محفوظ
عاجزی بیچ رکھ مجھے محظوظ

ہو رہا ہوں نپٹ ملول مزاج
بن ترے کس سے ہووے اس کا علاج
دور کر مجھ سے فکر کا آزار
بہ محمد و آلہٖ الاطہار
میرے ماں باپ کو سلامت رکھ
ان کو مسرور تا قیامت رکھ
دین و دنیا میں دے انھیں عزت
صحت و عافیت کی دے دولت
اور بھائی بہن جو میرے ہیں
دو سرا نپچ رکھ خوش ان کے تیں
اور میرے جو ہیں زن و اولاد
ہوں حصولِ مراد سے دل شاد
واسطے مصطفی کے یا اللہ
بخش نامی کے سارے جرم و گناہ

پھر نعت سرور کونین ﷺ کے سلسلے میں ۲۴ شعر کہے ہیں، جن میں پہلے نورِ محمدیؐ پر روشنی ڈالی ہے۔ چند شعر درج کیے جاتے ہیں:

سرورِ دو جہاں محمدؐ ہے
رہبر رہرواں محمدؐ ہے
ہے وہ دو جگ کا باعثِ ایجاد
ملک اس کی ہیں بند و آزاد

انبیا، اولیا کا ہے سرتاج
ہیگا دارین کا وہی مختار
ہر دو عالم ہیں اس کے در کے فقیر
دین و دنیا اسی کی ہے جاگیر
بعد سب کے کیا ہے گرچہ ظہور
پہلے آدم کے تھا پہ اس کا نور
نور سے اس کے آدم و حوا
روز میثاق پیچ فیض لیا
نور سے اس کے دو جہاں انور
نور سے اس کے ہینگے شمس و قمر
نور سے اس کے ہینگی جنت و حور
عرش و کرسی میں ہے اسی کا نور
نور اس کا ہے لامکاں کا چراغ
نور اس کا ہے قدسیاں کا چراغ
کیا ہوا گر وہ سب کے بعد آیا
اس کے پائے کو کب کوئی پایا
بات یہ تو عیاں ہے عالم پر
پہلے اگتا ہے جھاڑ، بعد ثمر

اس کے بعد آنحضرت ﷺ کے سایے کا ذکر ہے۔ بعد ازاں درود و سلام پر نعت کو ختم کیا ہے۔ نعت کے بعد حضور اکرم ﷺ کی بارگاہ میں اپنی حالت و کیفیت بیان

کرتے ہوئے کہتے ہیں:

یا حبیبُ الالہ خذ بیدی
مالعجزی سواک مستندی
چرخ پامال کر دیا یکسر
اے شہنشاہ دستگیری کر
جو جو کرتا ہے کجروی مجھ سے
چال اس کی چھپی نہیں تجھ سے
جور سے اس کی کر مجھے بیباک
کیوں کہ تو تو ہے صاحب لولاک
ہے بہت یہ زمانہ ناانصاف
اے رسول خدا چکا انصاف
جی مرا ہے اداس دنیا سے
ہوں خفا بے قیاس دنیا سے
نہیں یک آن میرے دل کو چین
ہے بگولے سا مضطرب دن رین
سوز سے روز و شب کے بجلی سا
نہ ادھر کا، نہ میں ادھر کا رہا
میرے مطلب سے تو ہے خوب آگاہ
کر کرم مجھ پہ یارسول اللہ
رحمت خلق، ہیگی تیری ذات

دے مجھے اب تو اس بلا سے نجات
تجھ سوا کون ہے غریب نواز
تیرے در پر ہے سب کو روئے نیاز
ہے ترے پاس سب مرض کی دوا
کہ ہے تجھ در کی مٹی خاک شفا
دے خزانے سے غیب کے سرور
مجھ کو محتاج خلق کا مت کر
ہے نہایت حزیں اعیزالدین
بخش شاہا کہ تابِ صبر نہیں
ایسی توفیق دے مجھے الحال
کہ لکھوں میں تری وفات کا حال
اور میری کتاب ہو مقبول
بحسین و حسن، علی و بتول

ان اشعار کے بعد اپنے استاد محمد باقر آگاہ (وفات: ۱۲۲۰ھ مطابق ۱۸۰۵ء) کی تعریف کرتے ہوئے ان کی سلامتی کے لیے یہ دعا کرتے ہیں:

منبعِ علم مولوی باقر
عالمِ علمِ باطن و ظاہر
اس قدر علم کا ہے اس میں کمال
جس کی اس عصر میں نہیں ہے مثال
فقہہ و تفسیر اور حدیث و سیرٗ

اس کو اس علم میں ہے خوب خبر
عربی، فارسی میں کامل ہے
نظم اور نثر پیچ قابل ہے
ہیں تصانیف اس سے بے تعداد
اس زمانے کا ہے بڑا استاد
عالمِ باعمل ہے وہ واللہ
اس کو کہنا بجا ہے حق آگاہ
سب فضائل میں بس گرامی ہے
ثانیِ جامی و نظامی ہے
دیکھ کر اس کی قدرتِ تصنیف
کہیے علامہ اس کو میر شریف
علم تفسیر کا جو ہو راوی
بارک اللہ بولے بیضاوی
جب خبر میں صحیح ہے عالم
خوش ہے روح بخاری و مسلم
گر زمانے میں اس کو ہوتا کہیں
فخر کرتا، امام فخر الدین
کرے اس کی سدا ثنا خوانی
عبد قاہر، فصیح جرجانی
گو تھا سحبان ایک لاثانی

پر خجل ہو، سن اس کی لسّانی
مبتدا گرچہ سیبویہ ہوا
یاں بہر نحو مبتدی ہیگا
علم تصریف میں تھا کب یہ ظرف
گو ابو عمر، عمر سب کی صرف
کم ہو یاں عقلِ صایب وصابی
نطق کو بھول جاوے فارابی
دیکھے گر اس کا حکمتِ سینا
او نہیں ساجد ہو بو علی سینا
الغرض وہ ہے یک بڑا فاضل
علم جو ہے سو ہے اسے حاصل
علم کا اس کے فیض ہے چو گرد
میں بھی ادنیٰ یک اس کا ہوں شاگرد
یارب اس کو سدا تو قایم رکھ
نام اس کا جہاں میں دایم رکھ

محمد باقر آگاہ کی مدح وستائش کے بعد وجہ تالیف بیان کی ہے۔ اس سلسلے میں کہتے ہیں کہ ایک رات مجھے مکافات عمل کی اس وقت یاد آئی جبکہ چاروں طرف اندھیرا چھایا ہوا تھا، آسمان کو کالی گھٹائیں گھیرے ہوئے تھیں اور بجلیوں کے چمکنے کی آوازیں آرہی تھیں۔ اس منظر کو دیکھ کر دل بھر آیا اور آدھی رات تک بے چین رہا۔ ایسے عالم میں پیر خرد نے آکر یہ سمجھایا کہ اس طرح عمر ضائع کرنا اور دنیاوی غم سے پریشان ہو کر اپنا وقت

برباد کرنا، نادانی ہے۔ اصل غم، دین کا غم ہے اور اسی میں دونوں جہان کی کامیابی ہے۔ بہتر یہ ہے کہ اس وقت حضرت محمد مصطفی ﷺ کی وفات کا احوال لکھ، تاکہ اس کو سن کر یا پڑھ کر تمام لوگ مغموم ہو جائیں۔ یہ غیبی آواز سنتے ہی میں نے روضۃ الاحباب، معارج، مدارج(عبدالحق) اور شواہد جامی کی روشنی میں وفات کا حال لکھنا شروع کر دیا:

ایک شب بے طرح اندھیری تھی
نور کی راہ بدلی گھیری تھی
چھارہا تھا فلک پہ ابر سیاہ
چھپ گئی تھی جہاں سے صورتِ ماہ
ایک باری مچا یارعد نے شور
کیے برسات ساتھ اس کے زور
دھوم باری کی بھی تھی حد سے زیاد
کررہی تھی خوشی کتیں برباد
دیکھا میں نے جو اس سمائی کو
درد کا دل پہ چھا گیا ہے غلو
اور فکروں کی بھی ہجوم ہوئی
جی پہ میرے الم کی دھوم ہوئی
چرخ کجرو کا جوریاد آیا
اپنی قسمت کا طوریاد آیا
تھا میں ہر چند اس گھڑی خاموش

پر تھا سینہ میں میرے بحر کا جوش
دو پہر رات تک ہو آزردہ
یوں ہی بیٹھا رہا میں افسردہ
کیا کہوں کس طرح تھا میں مغموم
حال میرا خدا کو تھا معلوم
اس میں پیر خرد شتاب آکر
یوں لگا کہنے مجھ کو سمجھا کر
کیوں تو بیٹھا ہے اس قدر دلگیر
نوجوانی میں کیوں ہوا ہے پیر
غمِ دنیا سے کیا تجھے حاصل
واسطے اس کے کیوں ہے تو بیدل
عمر ضائع نہ کر تو اس غم میں
اس طرح سے نہ رہ تو ماتم میں
مت تو دنیا کا درد ہر دم کر
گر تو کرتا ہے، دین کا غم کر
دین کے غم میں ہے دوجگ کی نجات
اس الم بیچ صرف کر اوقات
رات دن دردِ دیں سے رویا کر
نامۂ معصیت کو دھویا کر
اب تو رقت سے دل کی کہہ فی الحال

مصطفی کی وفات کا احوال
سن کے تا اس کو خلق روئے سب
تجھ کو بھی اجر اس کا دیوے رب
گریہ اس غم میں عین ایماں ہے
روئے گا اس پہ جو مسلماں ہے
جو نبی کے سدا عزا میں ہے
آبرو اس کو دوسرا میں ہے
اس الم سے جو کوئی ہو برہم
آخرت میں رہے گا وہ خرم
گریہ اس درد سے عبادت ہے
دو جہاں کی یہی سعادت ہے
یاد کر کے نبی کو رو تو لہو
سرخرو مصطفی کنے ہو تو
سنتے ہی پیر عقل سے یہ بات
غم دنیا سے میں نے دھو یا ہات
ووں ہی پھر مستعد ہوا اس پر
کہ کروں سیر گلستانِ سیرُ
رکھ نظر بیچ روضۃ الاحباب
اور معارج جو ہے سیرُ کی کتاب
اور شواہد بھی جو ہے جامی سے

دیکھنا لاگا شادکامی سے
اور مدارج کتابِ عبدالحق
کہ ہے جس کا بیان یکسر حق
اس میں جو تھا وفات کا احوال
سو میں کہتا ہوں اب تمام و کمال
کیوں کہ اس میں جو ہے، سو ہے سب راست
نہیں جائز ہے، راست میں کم و کاست

اس کے بعد وفات النبی ﷺ کا حال اس طرح شروع ہوتا ہے:

عالماں جو تھے راویانِ سیرُ
تھی نبی کی خبر سے جن کو خبر
کر کے آنکھوں کو خونِ دل سے لال
یوں لکھے ہیں وفات کا احوال
کہ نبی حجِ آخری جو کیا
واں سے آکر ذرا علیل ہوا
ہو رہا تھوڑے روز تک بیمار
پر نہیں تھا وہ موت کا آزار
یہ خبر ہر طرف ہوئی مشہور
بعضے سنتے ہی یہ ہوئے مغرور
دعوا کرنے لگے نبوت کا
لا کے کرنے خیال قوت کا

یہاں سے چار جھوٹے مدعیانِ نبوت کا ذکر ہے۔ اس سلسلے مسیلمہ کذّاب، سجاج، اسود اور طلیحہ کے دعویٰ نبوت اور ان کی سرکوبی پر تفصیل سے روشنی ڈالی گئی ہے۔ اس ضمن میں حضرت خالدؓ بن ولید کے کارناموں کا تذکرہ وضاحت سے کیا گیا ہے۔ طلیحہ کے متعلق نامی لکھتے ہیں:

چوتھا ان میں سے تھا طلیحہ نام
دعوا کرتا نبیؐ پنے کا مدام
جب جہاں سے ہوا نبی کا وفات
خوب دنیا نے دی تھی اس کو بات
آخرش اس کا سن فساد و مکر
بھیجا خالدؓ کو فوج دے بو بکرؓ
جاکے خالد نے اس سے جنگ کیا
اس کے لشکر کو سخت تنگ کیا
بھاگی یکباری اس کی فوج تمام
وہ بھی بھاگا اکیلا جانبِ شام
بعد فاروقؓ جب خلیفہ ہوا
داخل اسلام میں ہوا وہ آ
توبہ کر کے وہ جب سعید ہوا
جا نہاوند میں شہید ہوا
نامی اب تو گیا کہاں سے کہاں
گر تو بیمارِ نبیؐ کا بیاں

اس گریز کے فوراً بعد رسول اکرم ﷺ کی بیماری کا ذکر اس طرح شروع ہوتا ہے:

ہو گئے جتنے عالمانِ جلیل
یوں کہے اس بیان کی تفصیل
سنِ ہجری ہوئی ہے گیارا جب
مصطفی کی تھی عمر ترسٹھ تب
دن تھا شنبہ کا اور ماہ صفر
ماہ دنیا سے کر چکا تھا سفر
یعنی تاریخ بست و ششم تھی
روشنی اس کی سر بسر کم تھی
ہوا اس دن سے پھر نبی بیمار
دردِ سر تھا اور اس پہ تپ کا بخار
پایا اپنے کو جب ذرا سا علیل
حکم سے حق کے پھر خدا کا خلیل

اس مختصر سی علالت میں رسولِ اکرم ﷺ خدا کے حکم سے حضرت علیؓ اور دیگر صحابہ کے ہمراہ جنت البقیع تشریف لے جاتے ہیں اور اپنے احباب و رشتے دار کے لیے دعائے مغفرت کرتے ہیں۔ پھر صحابہ کی جانب رخ کر کے یہ عرض کرتے ہیں کہ مجھ کو حضرت جبریلِ امینؑ ہر سال ایک بار قرآن مجید پڑھ کر سنایا کرتے تھے لیکن اس سال دو بار پڑھ کر سنایا ہے۔ شاید میری موت کا وقت قریب ہے اس کے بعد حضرت علیؓ سے مخاطب ہو کر گفتگو کی اور انھیں چند نصیحتیں کیں۔ چار شنبہ (بدھ) کو عمامہ سے اپنے سرِ مبارک کو باندھ کر حضرت علیؓ اور حضرت فضل بن عباس کے کاندھوں پر ہاتھ رکھ کر

مسجد النبی میں تشریف لائے اور منبر پر چڑھ کر یہ ارشاد فرمایا:

بعد منبر پہ چڑھ کے شاہنشاہ
کر ادا حمد حضرت اللہ
یوں لگا کہنے اے مسلماناں
میں تمہارے میں ہوں گا اب مہماں
گر کسی کا بھی دام ہو مجھ پر
مجھ کو کر دیوے وہ خبر آ کر
تا اسے قرض اس کا پہنچاؤں
اور دنیا سے شاد ہو جاؤں
اس میں اک شخص نے کیا اظہار
ایک دن مجھ سے تو کیا تھا قرار
کہ تجھے دوں گا تین درہم میں
نہیں پہنچے ہیں وہ مجھی کے تیں
اس سخن کو نبی سنا ہے جب
فضل کو فضل سے کہا ہے تب
جو رکھا یا ہوں تین درہم میں
دے شتابی سے اب وہ اس کے تیں
وہیں منبر سے زینتِ محراب
اترا آ کر زمین پر وہ شتاب

وہاں سے یاروں کو اپنے کر رخصت

گھر کو آیا وہ آیۂ رحمت

اس کے بعد اس واقعے کے تعلق سے حضرت عائشہ صدیقہؓ کی ایک روایت ہے۔ اس کے مطابق آپؐ ایک رات بیماری کی حالت میں اپنے بستر سے اٹھے اور گھر سے باہر نکل آئے۔ اس وقت حضرت عائشہؓ نے آپ ﷺ سے یہ سوال کیا کہ یارسول اللہ ﷺ میرے ماں باپ آپ ﷺ پر قربان ہوں آپ ﷺ اتنی رات کو کہاں تشریف لے جارہے ہیں۔ آپ ﷺ نے فرمایا کہ اللہ کا یہ حکم ہے کہ میں اہلِ بقیع کے لیے دعائے مغفرت کروں۔ اس وقت آپ ﷺ کے دو آزاد کردہ غلام ابورافع اور موہبہ آپ ﷺ کے ہمراہ تھے۔ آپ ﷺ نے بقیع پہنچ کر سب کے لیے دعائے مغفرت کی۔ یہیں حضرت عائشہ صدیقہؓ کی ایک اور روایت ہے جس سے یہ معلوم ہوتا ہے کہ آپ ﷺ نے میدانِ احد پہنچ کر شہدائے احد کے لیے بھی دعائے مغفرت فرمائی۔

ان روایتوں کے بعد حضرت عبد اللہ ابن مسعودؓ کی روایت کی روشنی میں رسول اکرم ﷺ کی یہ وصیتیں ہیں:

ابن مسعود جو تھا عبد اللہ

یوں کہا ہے کہ آتے ہی ایک ماہ

یاد کر ہم کو ایک دن سرور

موت سے اپنی کر دیا تھا خبر

صورت اس کی ہے یہ کہ پیغمبر

ہم کو بلوایا عائشہ کے گھر
ہم جب آئے ہیں روبرو اس کے
رو دیا دیکھ ہم کو شفقت سے
بعد اس کے دعا کیا ہم کو
عزتِ دو جہاں دیا ہم کو
پھر وصیت کیا ہے یوں سب کو
کہ نہ بھولو کبھو ذرا رب کو
زہد و تقویٰ کیا کرو دائم
گام پر دین کے رہو قائم
قہر سے حق کے میں ڈراتا ہوں
کیوں کہ میں تو ڈرانے والا ہوں
حق تعالیٰ سے مت غرور کرو
شان و شوکت کو دل سے دور کرو
ظلم بندوں پہ مت کرو ہر گز
کب جہاں میں فساد ہے جائز

اس کے بعد وہ سوال و جواب ہے جو اس مجلس میں آپؐ کے اور صحابہ کرامؓ کے مابین ہوئے۔ اس میں غسل، کفن اور نمازِ جنازہ کے متعلق ہدایتیں ملتی ہیں۔ اس فوج کا مفصل ذکر ہے جسے رسول اکرم ﷺ نے ۲۶ صفر کو حضرت اسامہ بن زیدؓ کی قیادت میں روم روانہ کرنے کے لیے تیار کرنے کا حکم دیا تھا۔ اس کی روانگی کے وقت آپؐ کا بخار شدید ہو گیا، حالت بگڑ گئی اور یہ واقعات پیش آئے:

گیارہواں دن تھا ایک شنبہ کا
سخت اس دن مزاج بیکل تھا
آیا رخصت کے تئیں اسامہ بھی
تھا گراں تب بہت مزاجِ نبی
دست و پا کو نبی کے بوسئہ دے
چاہا ہونے روانہ حضرت سے
تھی مرض کے تئیں زبس شدت
نہیں تھی بات کرنے کی طاقت
ہاتھ اٹھا آسماں طرف سرور
پھیرتا تھا وہیں اسامہ پر
بولتا ہے اسامہ میں سمجھا
کیا اپنے لیے نبی نے دعا
وہاں سے لشکر کو اپنے آیا ہے
شب تو جیوں تیوں وہاں کٹایا ہے
بارہویں کو جو پیر کا دن تھا
پھر اسامہ نبی کنے آیا
اس گھڑی کچھ نبی ہوا تھا بحال
کیا اس کو وداع تب فی الحال
اور فرمایا یوں اسے سرور

کر عزا فضل حق سے تو جا کر

جب ہوا سرفراز رخصت سے

آیا لشکر میں اپنے فرحت سے

وہیں لشکر کو حکم کوچ کیا

آپ بھی چلنے پر کمر باندھا

اس میں ماں اس کی امِّ ایمن نے

بول بھیجی ہے اس طرح اس سے

کہ نبی پر ہے حالتِ سکرات

پھر کے آیا اسامہ سن یہ بات

اس کے پھرتے ہی سب پھرے یک بار

کیے رجعت مہاجر و انصار

اس کے بعد رسول اکرم ﷺ کی وفات کے بعد حضرت ابو بکر صدیق کے عہد خلافت میں حضرت اسامہ کی قیادت میں اس فوج نے جو کارنامہ انجام دیا ہے ان کو اس باب میں تفصیل سے بیان کیا ہے۔ پھر حضرت عائشہ صدیقہؓ کی روایت سے نیا باب شروع ہوتا ہے اس سے یہ بات معلوم ہوتی ہے کہ رسول اکرم ﷺ جس دن حضرت میمونہ کے گھر میں قیام پذیر تھے۔ آپ ﷺ کے سر میں درد ہونا شروع ہوا۔ جب مرض بڑھا تو تمام ازواج مطہرات نبی اکرم ﷺ کی خدمت کی غرض سے تشریف لائیں۔ اس وقت آپ ﷺ نے فرمایا کہ اگر تم سب اجازت دو تو میں عائشہؓ کے گھر میں قیام کروں۔ سب نے رضامندی ظاہر کی تو:

پھر وہاں سے وہ مایۂ خیرات
رکھ کے عباس اور علی پر ہات
پاؤں کو اپنے کھینچتا یکسر
لایا تشریف عائشہ کے گھر

اس کے بعد علاحدہ علاحدہ باب کے تحت بیماری کی شدت کی وجہ سے آپ ﷺ کی بے چینی و بے قراری، اکابر صحابہ کی تیمار داری، آپ کے پند و نصائح، تیمار داروں سے آپ کی گفتگو، واقعۂ قرطاس ابیض اور وہ تمام واقعات جو اس اثنا میں پیش آئے اور جو کتب حدیث و سیر میں ملتے ہیں، کہیں ایجاز اور کہیں تفصیل سے بیان کیے ہیں۔ وفات النبی ﷺ کی عکاسی اس طرح کی ہے:

یوں کہے ہیں کہ سختیِ سکرات
تھی نبی پر زبس کہ وقت وفات
درد کے مارے رنگ روئے نبی
کبھی ہوتا تھا سرخ، زرد کبھی
کھینچتا ہاتھ بے قراری سے
بولتا یوں جناب باری سے
یاالٰہی مدد تو کر اس آن
کر کمک نزع بیچ اے رحمان
ہو گیا تھا عرق عرق رخسار
چشمۂ نور بہہ چلا یک بار

اک کٹوری میں آب کو رکھ کر
بیکلی سیتی ہر گھڑی سرور
ہاتھ اس پانی میں بھگاتا تھا
اپنے منہ پر وہیں پھراتا تھا

اس کے بعد حضرت عائشہؓ کی ایک روایت کی روشنی میں لکھتے ہیں:

حضرت عائشہ سے ہے یہ خبر
نزع کے وقت میں رسول کا سر
اپنی گودی میں تھا کہ تب اس جا
عبدرحمن آیا بھائی مرا
سبز مسواک اس کے ہاتھ میں تھی
بے گماں تھی وہ شاخ پیلو کی
دیکھنے لاگا اس کے تیں سرور
میں نے پوچھی کہ خواہش ہے اکثر
میں نے پوچھی کے لاکے دے دوں اسے
تب اشارے ستی کہا لادے
وہیں مسواک بھائی سے لے کے
اپنے منہ میں، میں نرم کر کے اسے
ہاتھ میں شاہ کے جو دی مسواک
لے کے جلدی کیا شہہ لولاک
تھا جو گودی میں میرے سر اس کا

وقت اس کے وداع کا آیا
اس گھڑی چھت پہ تھی نبی کی نظر
اس میں ایک بار ہاتھ اوپر کر
بول کے الرفیق اعلیٰ تب
کرلیا بند اپنی چشم اور لب
وہیں روحِ مبارک سرور
آخرت کی طرف کئے ہے سفر
دم میں اللہ سے ہوا واصل
زندگیِ ابد کیا حاصل
بے سخن وہ تھا لا مکاں کا شاہ
اس سبب یاں نہ ٹھہرا اصل اللہ
عرش کے آشیاں کا تھا شہباز
اس سبب یاں سے کر گیا پرواز

اس کے بعد اہل بیت و ازواجِ مطہرات کی گریہ وزاری، صحابۂ کرام کی بے چینی و بے قراری کا بیان تفصیل سے ملتا ہے۔ پھر غسل سے لے کر تدفین تک کے واقعات ہیں۔ اس طویل مثنوی کا اختتام ان دعائیہ اشعار پر ہوا ہے:

یاالٰہی زیارتِ سالار
کردے میرے نصیب میں یک بار

بھر محبت نبی کی سینے میں
جلد پہنچا مجھے مدینے میں
رات دن میری آنکھ کے اندر
خاک سے اس گلی کی سرمہ کر
رہے وابستہ یاالٰہی سدا
سر مرا اور آستاں اس کا
کر مرے تن بدن کو بعد ممات
خاکِ کوئے نبی علیہ الصلوٰۃ
اور شفاعت دے اس کی روز قیام
مجھ کو یاذوالجلال ولاکرام
نامی اب تو وفات نامہ کو
ختم دو مرثیوں پہ ہی کر تو

اس کے بعد دو مرثیے ہیں۔ پہلے مرثیے میں ۹ بند (مربع) اور دوسرے میں ۷ بند (مربع) ہیں۔ دونوں مرثیوں کے ابتدائی بند اس طرح ہیں۔:

آج ہے فخر انبیا کا وفات
آج ہے شاہ دوسرا کا وفات
آج ہے جگ کے رہنما کا وفات
آج ہے آہ مصطفیٰ کا وفات

غم سے ہے آسماں کے سر میں درد

مہر اور مہہ کے ہے جگر میں درد

ابر کے بھی ہے چشم تر میں درد

سارے کوہوں کے ہے کمر میں درد

ان دونوں مرثیوں کے بعد چار اشعار اور ہیں، جن میں کتاب کا نام اور سال تصنیف ظاہر کیا گیا ہے۔ آخر میں ترقیمے کی عبارت ہے۔ یہ اشعار اور ترقیمے کی عبارت اوپر نقل کی جا چکی ہے۔ اس مخطوطے میں ذیلی عنوانات تحریر نہیں ہیں۔ البتہ جہاں سے کوئی نیا باب شروع ہوا ہے، وہاں خالی جگہ چھوڑ دی گئی ہے۔ نامی کی یہ مثنوی تاریخی لحاظ سے مستند ہے اس لیے یہ اہمیت کی حامل ہے۔

حواشی:

۱۔ ماہنامہ آج کل (نئی دہلی) تامل ناڈو نمبر، ص:۵۳

۲۔ تامل ناڈو کے مشاہیر ادب از علیم صبا نویدی، ناشر تامل ناڈو اردو پبلی کیشنز، چنئی (۱۹۹۹ء) ص:۲۰۴

۳۔ مدراس میں اردو از نصیر الدین ہاشمی، مطبوعہ مکتبہ ابراہیمیہ پریس، حیدرآباد (۱۹۳۸ء) ص:۶۹

۴۔ تذکرہ اردو مخطوطات (حصہ اول) مولفہ محی الدین قادری زور، ص:۹۳

۵۔ تذکرہ اردو مخطوطات (حصہ اول) مولفہ محی الدین قادری زور، ص:۱۲۷

۶۔ تامل ناڈو کے مشاہیر ادب از علیم صبا نویدی، ص:۲۰۴

۷۔ مولانا محمد باقر آگاہ ۱۱۵۸ھ (۱۷۴۵ء) میں ویلور میں پیدا ہوئے، جہاں ان کے والد محمد مرتضیٰ نے بیجاپور کی تباہی کے بعد سکونت اختیار کر لی تھی۔ آگاہ نے سید شاہ ابوالحسن قربی (۱۷۰۵۔۱۷۶۸) سے باطنی فیض حاصل کیا تھا۔ اس کا ذکر ان کی تقریباً ہر تالیف میں ملتا

ہے۔ وہ ایک جید عالم تھے۔ تقریباً پندرہ سال کی عمر سے شعر کہنا شروع کر دیا تھا۔ عربی، فارسی اور اردو میں طبع آزمائی کی ہے۔ عربی میں آگاہ اور اردو میں باقر تخلص کرتے تھے۔ نصیر الدین ہاشمی نے ان کی تصانیف کی تعداد ۳۰۳ بتائی ہے لیکن کاوش بدری نے ڈیڑھ سو سے زائد لکھا ہے اور اشعار کی تعداد دو لاکھ سے زائد تحریر کی ہے۔ ان کے علم و فضل سے متاثر ہو کر کرناٹک کے خود مختار حکمراں نواب محمد علی والا جاہ (ف:۱۷۹۵ء) نے انھیں اپنے شہزادوں امیر الامرا اور عمدۃ الامرا کا اتالیق مقرر کیا تھا اور انعام میں الپور کی جاگیر عطا کی تھی۔ بعد کو وہ معتمدِ خاص کے عہدے پر فائز کیے گئے تھے۔ ان کی وفات ۱۲۲۰ھ (۱۸۰۵ء) میں مدراس میں ہوئی۔ وہیں دفن کیے گئے۔ ان کی تصانیف میں ہشت بہشت، تحفۃ النسا، معراج نامہ، ہدایت نامہ، رسالہ فرقہ ہائے اسلام، عقائد مولوی باقر، محبوب القلوب، تحفۃ الاحباب، ریاض الجناں، گلزارِ عشق وغیرہ یورپ اور دکن کی مختلف لائبریریوں میں قلمی شکل میں محفوظ ہیں۔ انھوں نے ۱۷۹۳ء میں مولانا روم کی مثنوی کی شرح بھی مکمل کر لی تھی۔ عربی دیوان ۱۱۹۴ھ (۱۷۸۰ء) میں مرتب کیا تھا۔

یورپ میں دکھنی مخطوطات مولفہ نصیر الدین ہاشمی، ص:۴۳۶

مدراس میں اردو مولفہ نصیر الدین ہاشمی، ص:۳۳

تذکرہ شعرائے دکن (حصہ اول) مولفہ عبد الجبار ملکاپوری، ص:۳۰۲

شمع انجمن مولفہ نواب صدیق حسن خاں اور آج کل (تامل ناڈو نمبر) ص:۵۲

۸۔ مدراس میں اردو مولفہ نصیر الدین ہاشمی، ص:۶۶ تا ۴۷

تامل ناڈو کے مشاہیر ادب از علیم صبانویدی، ص:۲۰۴، ۲۰۵

۹۔ ماہنامہ آج کل، نئی دہلی (تامل ناڈو نمبر) ص:۵۳

* * *

عاصی ناگپوری اور صفات الانبیا

ماہنامہ قرطاس، ناگپور کے جولائی، اگست ۱۹۹۶ء کے شمارے میں جناب ڈاکٹر سید عبدالرحیم صاحب (سابق ڈائرکٹر وسنت راؤ نائک انسٹی ٹیوٹ آف آرٹس اینڈ سوشل سائنسز، ناگپور) کا ایک تحقیقی مضمون بعنوان "عاصی ناگپور کی تصنیف صفات الانبیاء، ایک نایاب مخطوطہ" شائع ہوا ہے۔ انھیں یہ مخطوطہ درگاہ حضرت پیر محمد شاہ ٹرسٹ، احمد آباد کی قیمتی لائبریری سے لائبریری میں موجود مخطوطات کی وضاحتی فہرست کی ترتیب کے وقت ہاتھ آیا۔ اس کے مرتبین میں موصوف بھی شامل تھے۔

ناگپور کا ہونے کے ناطے ڈاکٹر صاحب نے ۴۹۶ صفحات پر مشتمل اس ضخیم مخطوطے سے دلچسپی لی۔ انھوں نے مجھ کو اس کی اطلاع دی۔ میری درخواست پر لائبریری سے اس کی زیراکس کاپی حاصل کی۔ زیراکس کاپی میرے حوالے کرنے سے پہلے اس کا مطالعہ کیا اور میری مطبوعہ کتاب ناگپور میں اردو کا ارتقائی سفر میں موجود ناگپور کے پہلے شاعر لالہ پیم چند کے ذکر سے تقابل کرکے یہ فیصلہ کیا:

"یہ مخطوطہ دراصل ناگپور کے ایک غیر معروف شاعر عاصی کی تصنیف ہے۔ ۱۲۱۲ھ (۹۸-۱۷۹۷ء) میں عاصی ناگپوری نے صفات الانبیا کے عنوان سے قصص الانبیا (فارسی) کا اردو میں منظوم ترجمہ کیا تھا۔ سن تصنیف سے پتہ چلتا ہے کہ یہ منظوم ترجمہ ناگپور کی ادبی تاریخ میں سب سے قدیم ترجمہ ہے۔ اس کے دو سال بعد یعنی ۱۲۱۴ھ میں لالہ پیم چند نے شاہ نامہ کا اردو ترجمہ پیش کیا تھا، جسے ڈاکٹر شرف الدین ساحل نے

سب سے قدیم ترجمہ قرار دیا ہے۔" (ناگپور میں اردو کا ارتقائی سفر، ص:۱۹،۱۷)

اس طرح ڈاکٹر صاحب نے فاضلانہ تحقیق سے اپنے مضمون میں یہ بات ثابت کی ہے کہ ناگپور کا پہلا شاعر پیم چند نہیں عاصی ہے۔ یہیں سے ان کے تعارف میں یہ لکھا جانے لگا کہ موصوف نے ناگپور کے پہلے شاعر کی دریافت کی۔ میں بہت ہی احترام کے ساتھ اس تحقیق کے سلسلے میں کچھ عرض کرنا چاہتا ہوں۔

(۱) میں نے اپنی کتاب ناگپور میں اردو کا ارتقائی سفر میں پیم چند کو قطعی طور سے ناگپور کا پہلا شاعر قرار نہیں دیا ہے بلکہ بہت احتیاط سے یہ لکھا ہے:

"کافی تلاش کے بعد برہان شاہ کے دربار سے منسلک ایک شاعر لالہ پیم چند کے ترجمہ شاہ نامہ کے ایک قلمی نسخے کا پتہ چل سکا ہے اور یہی ہماری اب تک کی تحقیق کے نتیجے میں ناگپور کا پہلا شاعر قرار پاتا ہے۔" (ناگپور میں اردو کا ارتقائی سفر، ص:۱۵)

(۲) ڈاکٹر صاحب کے مضمون سے یہ بات ظاہر ہوتی ہے کہ عاصی نے صفات الانبیا کا سالِ تصنیف ۱۲۱۲ھ (۱۷۹۸ء۔ ۱۷۹۷ء) کتاب میں موجود باب بعنوان "در بیان مرتب کتاب" میں اس طرح بتایا ہے:

جب صفات الانبیا کیا تمام
سن تھا بارہ سو پہ بارہ سال عام
جب مرتب میں کیا نامہ کمال
سن تھا بارا (سو کے اوپر بارا سال)

(۳) ڈاکٹر صاحب کے مضمون سے یہ بات بھی ظاہر ہوتی ہے کہ اس کتاب میں "در بیان شہر ناگپور" کے عنوان سے ایک علاحدہ باب ہے۔ اس میں عاصی نے مرہٹہ راجہ رگھو جی بھوسلہ ثانی (ف:۱۸۱۶ء) کے بعد راجہ بہرام شاہ (ف:۱۸۲۱ء) کی اس طرح تعریف

کی ہے:

شہر کے خطّہ میں دیو گڑھ تخت گاہ
فلک درجہ راجۂ بہرام شاہ
راج میں اس کے رعیت پر امن
واں کی سب خلقت جوں مانندِ چمن

ان شعروں سے یہ بات ثابت ہوتی ہے کہ عاصی کی کتاب صفات الانبیا کا علق راجہ بہرام شاہ کے دور (۱۷۹۶ء۔۱۸۲۱ء) سے ہے۔

(۴) ڈاکٹر احب کے مضمون سے یہ بات بھی معلوم ہوتی ہے کہ کتاب صفات الانبیا کے قلمی نسخے کا آخری صفحہ ناقص ہے۔ نیز مضمون میں کہیں ترقیمہ نہیں ملتا۔ شاید ترقیمہ مخطوطہ میں نہ ہو۔

(۵) اس مخطوطہ کے مقابلے میں پیم چند کے مخطوطہ کے آخر میں کتاب کا سال تصنیف اور نقلِ مخطوطہ کا سال واضح طور سے ملتا ہے۔ دیکھئے:

مجھے کچھ نہ لینا ہے کس کے کنیں
مگر نام باقی رہے دور میں
ہجر کی تھی بارہ سی اور سات سن
۱۲۰۷ھ
بنایا نئی داستاں تھی کہن
برس پانچ کر کے مشقت تمام
شہر ناگپور میں کیا اختتام

ان شعروں کے فوراً بعد ترقیمہ کی یہ عبارت ہے:

"کتاب ترجمہ شاہ نامہ تصنیف لالہ پیم چند کائست کاتب الحروف خود، بتاریخ نوزدہم ربیع الثانی ۱۲۱۴ھ زینت سطر یافت۔" (ناگپور میں اردو کا ارتقائی سفر، ص:۱۹)

ان تفصیلات سے یہ بات صاف معلوم ہوتی ہے کہ پیم چند نے ترجمہ شاہ نامہ کو راجہ برہان شاہ کے دور (۱۷۳۸ء۔ ۱۷۹۶ء) میں ۱۲۰۷ھ (۹۲۔ ۱۷۹۳ء) میں پانچ برس کی مشقت کے بعد مکمل کیا تھا۔ اس نے اس مخطوطہ کو ۱۹ ربیع الثانی ۱۲۱۴ھ (ستمبر ۱۷۹۹ء) کو نقل کر کے پورا کیا تھا۔

ڈاکٹر صاحب کو یہیں دھوکا ہوا ہے۔ انھوں نے نقل مخطوطہ کے سال کو بنیاد بنا کر فیصلہ کیا ہے۔ ان کی نظر سال تصنیف تک نہ پہنچ سکی۔ حالانکہ کتاب میں سال تصنیف وہیں موجود ہے۔

(۶) کتاب ترجمہ شاہ نامہ کے آغاز میں موجود راجہ برہان شاہ کے عنوان سے گونڈ راجاؤں کی عمومی اور برہان شاہ کی خصوصی مدح سے بھی اس سچائی کو تقویت پہنچی ہے کہ پیم چند نے ترجمہ کا کام راجہ برہان شاہ کی زندگی میں مکمل کیا تھا۔ اس سے یہ بات بھی واضح ہوتی ہے کہ اس کا برہان شاہ کے دربار سے تعلق تھا۔

جبکہ عاصی کی کتاب میں موجود راجہ بہرام شاہ کی مدح اس حقیقت کی تصدیق کرتی ہے کہ عاصی نے اس کام کو راجہ بہرام شاہ کے دور (۱۷۹۶ء۔ ۱۸۲۱ء) میں ۱۷۹۷ء اور ۱۷۹۸ء کے مابین مکمل کیا تھا، اس لئے کہ بہرام شاہ اپنے باپ برہان شاہ کے انتقال (۱۷۹۶ء) کے بعد مسند نشین ہوا تھا۔

ان حقائق کی روشنی میں یہ بات برملا کہی جاسکتی ہے کہ پیم چند کا ترجمہ شاہ نامہ، راجہ برہان شاہ کے دور (۱۷۳۸ء۔ ۱۷۹۶ء) سے تعلق رکھتا ہے۔ جبکہ عاصی کی صفات الانبیا

اس کے بیٹے راجہ بہرام شاہ کے دور (۱۷۹۶ء۔ ۱۸۲۱ء) سے تعلق رکھتی ہے۔ لہٰذا میں پھر یہی کہوں گا کہ اب تک کی تحقیق کے نتیجے میں لالہ پیم چند ناگپور کا پہلا شاعر قرار پاتا ہے۔ عاصی ناگپوری کو پہلا شاعر قرار دینا بالکل غلط اور بے بنیاد ہے۔

میری کتاب ناگپور میں اردو کا ارتقائی سفر ۱۹۹۳ء میں شائع ہو کر منظر عام پر آئی۔ اس کے تین سال بعد ۱۹۹۶ء میں عاصی کی صفات الانبیا دستیاب ہوئی اس لیے یہ ناگپور کی ادبی تاریخ میں ایک قیمتی اضافہ ہے۔ جب ڈاکٹر سید عبدالرحیم صاحب نے مجھ کو اپنے مضمون کی اشاعت کے بعد اس کی زیراکس کاپی دی تو میں نے بھی اس کا گہرائی سے مطالعہ کیا۔ اس کی ابتدا حمد و نعت سے ہوئی ہے۔ اس کے بعد در بیان حضرت محمد مصطفی ﷺ کا عنوان ہے۔ اس کے تحت نبی کریم ﷺ کے حالات بیان کیے گئے ہیں۔ پھر علاحدہ علاحدہ عنوانات کے تحت حضرت ابو بکر صدیقؓ، حضرت عمر فاروقؓ، حضرت عثمان غنیؓ، حضرت علیؓ، حضرت امام حسنؓ، حضرت امام حسینؓ، حضرت امام زین العابدین، حضرت امام باقر، حضرت امام جعفر صادق، حضرت امام موسیٰ کاظم، حضرت امام علی موسیٰ رضا، حضرت امام تقی، حضرت امام نقی، حضرت امام عسکری، حضرت امام مہدی آخر الزماں اور حضرت پیر محی الدین (شیخ عبد القادر جیلانی) کے حالات قلمبند کیے گئے ہیں۔ اس سلسلے میں نام، کنیت، لقب، والدین کے نام، تاریخ و مقام پیدائش، تاریخ و مقام وفات اور اہل و عیال کو خصوصیت سے نمایاں کیا گیا ہے۔ حمد و نعت و مناقب کا یہ سلسلہ ص: ۲۰ پر تمام ہوتا ہے۔ اس کے فوراً بعد عنوان در بیان مرتب کتاب ہے۔ اس سے کتاب کے سلسلے میں مفید معلومات حاصل ہوتی ہیں۔ دیکھیئے چند شعر:

حق تعالیٰ نے سراپا ہے جسے
صفت اس کرنے کی ہے طاقت کسے

بہت لکھ لکھ کر گئے ہیں عاقلاں
وہ موافق عقل کے اپنی بیاں
سب سوں کمتر ہے غریب عاصی فقیر
جن کیا تصنیف ای دفتر حقیر
چند روز اختیار میں گوشہ کیا
عاقبت کا اپنی میں توشہ کیا
جب مرتب میں کیا نامہ کمال
سن تھابارا (سو کے اوپر بارا سال)

ان شعروں کے دونوں مصرعوں کے بیچ میں یہ شعر بھی ہے:

جب صفات الانبیا کیا تمام
سن تھابارہ سو پہ بارہ سال عام

پھر در بیان شہر ناگپور کا عنوان ہے۔ اس کے تحت عاصی لکھتے ہیں:

ہے دکن میں ایک بستی بھاگپور
سو عجب نادر شہر ہے ناگپور
رگھوجی راجہ بہادر نام کا
ہے مہاراجہ مطیع اسلام کا
بہت خوبیوں سات وہ راجا اہے
فیض رس، داتار، پرکا جا اہے
جس طرف جاتا ہے وہ کر کر مہیم
کیا ہے طاقت سامنے ٹھہرے غنیم

شہر کے ظلّہ میں دیوگر تخت گاہ
فلک درجہ راجۂ بہرام شاہ
راج میں اس کے رعیت پُر امن
وہاں کی سب خلقت جوں مانند چمن
دیوگر کے ہے درختوں پر بہار
ناگپور کے نیک بختوں پر بہار
ہے اسی ظلّہ کا یہ عاصی حقیر
گھر ہے سارا ناگپور کا ہے فقیر
جو یکایک آگیا دل میں خیال
شوق نے میرے کیا دل میں ابال
جو قصص الانبیا ہے فارسی
اس کو ہندی میں کروں جوں آرسی
سن محباں سب کریں حاصل ثواب
گر ہووے ہندی زباں میں یہ کتاب
نام رکھا ہے صفات الانبیا
کھول کر تصنیف دکھنی میں کیا
جو بنی جس شہر میں اترا کہی
وہاں کی بولی میں ہوئی نازل وحی
فارسی، عربی، عجائب بولیاں
نظم کر ہندی میں اس کو کھولیاں

ہے فقیر عاصی رئیس ناگپور

ذات قالیں باف، ہر فن کا ضرور

عاصی نے اس باب میں پہلے ناگپور کے دو راجاؤں: راجہ رگھو جی بہادر اور راجہ بہرام شاہ کی تعریف کی ہے۔ ان میں ایک کام کا راجہ تھا اور ایک نام کا۔ ہوا یہ کہ ناگپور شہر کی بنیاد حکومت دیوگڑھ کے ایک نو مسلم گونڈ راجہ بخت بلند شاہ نے اٹھارویں صدی عیسویں کے آغاز میں ڈالی تھی اور اپنا پائے تخت دیوگڑھ سے ناگپور لے آیا تھا۔ دیوگڑھ، چھندواڑہ (ایم پی) سے انچالیس کلومیٹر دور واقع ہے۔ اکبر اعظم کے دور میں اس علاقے کے ایک طاقتور زمیندار جاٹبا نے یہاں اپنی حکومت قائم کی جو نربدا ندی سے وین گنگا اور وردھا ندی تک پھیل گئی تھی۔ اس میں ناگپور کا علاقہ بھی شامل تھا۔ بخت بلند شاہ، راجہ جاٹبا شاہ کا پوتا اور اورنگ زیب کا معاصر تھا۔ اس کی وفات (۱۷۰۹ء) کے بعد اس کا بیٹا چاند سلطان تخت نشین ہوا۔ اس نے ۱۷۳۵ء میں رحلت فرمائی۔ چاند سلطان کی رحلت کے بعد اس کے خاندان میں تخت نشینی کے لیے جو کشمکش ہوئی اس کا فائدہ ایک مرہٹہ سردار رگھو جی بھوسلہ (اول) کو ملا اور وہ راجہ بن گیا۔ اس نے راجہ چاند سلطان کے بیٹے برہان شاہ کو راجہ کا درجہ دے کر اپنے محل سے متصل واقع اس قلعہ میں رکھا جو راجہ جاٹبا کا بنوایا ہوا تھا۔ وہ اس کے اخراجات کے لیے تین لاکھ روپئے سالانہ پنشن دیتا رہا۔ یوں ناگپور دو راجاؤں کا مسکن رہا۔ رگھو جی اول کے انتقال کے بعد جانو جی، مادھو جی اور رگھو جی بھوسلہ ثانی یکے بعد دیگرے راجہ ہوئے۔ راجہ برہان شاہ کی وفات کے بعد راجہ بہرام شاہ مسند نشین ہوا۔ یوں عاصی کو رگھو جی بھوسلہ ثانی اور راجہ بہرام شاہ کا زمانہ ملا۔ اس باب میں شامل اشعار سے یہ بات واضح ہوتی ہے کہ عاصی نے فارسی کتاب قصص الانبیا کا دکھنی / ہندی میں ترجمہ کیا ہے۔ عاصی کا شمار رئیسوں میں تھا۔ وہ ذات کا بنکر تھا اور اسے قالین سازی

میں مہارت حاصل تھی۔ یہ علم بھی ہوتا ہے کہ شہر کے ظلّہ (سائبان) میں (یعنی قلعہ میں جہاں دیوگر (دیوگڑھ) کے تخت پر راجہ بہرام شاہ بیٹھا ہوا تھا) اس کا رہائشی مکان تھا۔ گویا راجہ بہرام شاہ کے دربار سے اس کا تعلق تھا۔

اس باب کے بعد ص: ۲۲ سے اصل کتاب شروع ہوتی ہے۔ اس کا آغاز نور مخفی (نور محمدیؐ) سے ہوتا ہے۔ بعد ازاں تخلیق کائنات، تخلیق آدمؑ، خلقت حوا اور دونوں کا جنت سے زمیں پر آنے تک کا بیان ہے۔ پھر حضرت شیثؑ، حضرت ادریسؑ، حضرت نوحؑ، حضرت ہودؑ، حضرت صالحؑ، حضرت ابراہیمؑ، حضرت لوطؑ، حضرت اسمٰعیلؑ، حضرت اسحقؑ، حضرت شعیبؑ، حضرت موسیٰؑ، حضرت ہارونؑ، حضرت یوشعؑ، حضرت طالوتؑ، حضرت داؤدؑ، حضرت سلیمانؑ، حضرت زکریاؑ، حضرت یحییٰؑ، حضرت مریمؑ، حضرت عیسیٰؑ کے حالات اور ان کے عہد کے اہم واقعات تفصیل سے ملتے ہیں۔ حضرت عیسیٰؑ کے بعد حضرت خضرؑ والیاسؑ، حضرت شمعونؑ، حضرت یونسؑ، حضرت لقمانؑ، حضرت جرجیس پر اجمالی روشنی ڈالی گئی ہے۔ آخر میں باب قصہ از آدم تا آخر الزماںؐ بہت ہی مختصر ہے۔ بعد ازاں قصہ اصحاب کہف ہے جو نامکمل ہے اور اسی پر مخطوطہ تمام ہوا ہے۔ یوں یہ ناقص الآخر ہے۔ اس کے ابتدائی چھ اوراق بھی جگہ جگہ سے پھٹ چکے ہیں اس لیے اکثر اشعار ناقص ہو گئے ہیں۔ کتاب کے بعض اوراق بھی بے ترتیب ہیں جس کی وجہ سے کافی پریشانی ہوتی ہے۔

جیسا کہ بیان کیا جا چکا ہے کہ عاصی نے قصص الانبیا کا منظوم ترجمہ دکھنی / ہندی میں کیا ہے۔ اس کا نمونہ دیکھئے۔ حضرت عیسیٰؑ کی پیدائش کا بیان ہے:

اوس وقت پیدا ہوئے عیسیٰ نبی
روشنی دو جگ منے ہو گئی سبی

نور سے جنگل سبی روشن ہوا
سب وہ خارستان کا گلشن ہوا
جہار خرمے کا ہوا سو کا ہرا
سب نکل شاخاں کھجوروں سوں بھرا
ناگہانی فیض ربانی ہوا
اوس جگا اوپر رواں پانی ہوا
کر کے بسم اللہ نہلایا اوسے
پیرہن اور تاج پہنایا اوسے
کر کے اوس اوپر شفقت پیار زود
گود میں لے کر پلایا اوس کو دود
بول اوٹھے عیسیٰ وحی لایا ہوں میں
حق کا اب بھیجا ہوا آیا ہوں میں
اپنے دل میں ہور رہو تم شاد اب
میں تمے دیؤں مبارکباد اب
سن کے وہ بی بی بہت خوشنود ہو
جب اوٹھی دل میں خوشحالی زود ہو
جب ندا آیا نہ ہو دل گیر اب
دیکھ لے تلّے بھرا ہے نیر اب
عرش و کرسی میں رہے ہو شاد سب
تجھ کو دیتے ہیں مبارکباد سب

کر اپشارہ اپنے بیٹے کو بتا
کھا رطب آنکھوں کو اپنے دی ضیا
کھا کے خرما بہت بی بی نے سرائی
بر میں اپنے لیکے بالک کو کھلائی
لیکے لڑکا اپنے گھر کو آئی جب
لوگ یوں کرنے لگے بد گوئی سب
کام اے بی بی کری تونے برا
نہیں ہے گن یہ نیک بختی کا ذرا
نہیں تھا تیرا باب بد کاری منے
اور نہ تھی ماں تیری بد کاری منے
تو بدی کرنی نہیں شرمائی اب
کس کا لڑکا لے بغل میں آئی اب
بی بی مریم بات اون لوگوں کی پائی
جب اشارہ کر وہ بیٹے کو بتائی
لوگ تب بولے وہ لب کیوں کھولے گا
کیوں وہ فی المھدِ صبیا بولے گا
بات اتنی سن کے روح اللہ کہے
میں تو بندہ ہوں نبی اللہ کہے
دی نبوت وحی بھیجا ہے مجے
پند حق ما دمت حیّا ہے مجے

عاصی اور اس کی تصنیف صفات الانبیا ناگپور کی ادبی تاریخ میں ایک اہم اضافہ ہے۔ یہ اضافہ ڈاکٹر سید عبدالرحیم صاحب نے کیا ہے۔ موصوف اب اس دنیا میں نہیں رہے۔ بہت مخلص اور نیک صفت انسان تھے۔ مجھ سے دلی محبت رکھتے تھے۔ دعا ہے کہ اللہ تعالیٰ انھیں غریق رحمت کرے۔

***

مولانا آزاد کی سیاسی سر گرمیاں

---۱۹۰۶ء سے ۱۹۳۲ء تک---

ہندوستان کی تحریک آزادی میں جن رہنماؤں نے پر جوش حصہ لیا ان میں مولانا ابو الکلام آزاد کا نام بھی نمایاں حیثیت رکھتا ہے۔ انھوں نے نصف صدی سے زائد مدت تک قومی تحریک کی رہنمائی کی اور آزادی وطن کا آخری مرحلہ انھیں کی قیادت میں درجۂ تکمیل کو پہنچا۔

ان کے اجداد بابر کے زمانے میں ہرات سے ہندوستان آئے اور پہلے آگرہ اور پھر دہلی میں سکونت اختیار کی۔ جب مغلیہ حکومت کا چراغ گل ہونے لگا تو سیاسی حالات سے دل بر داشتہ ہو کر ان کے والد شیخ خیر الدین عہد جوانی میں ہجرت کر کے مکہ معظمہ چلے گئے۔ وہیں شیخ محمد طاہر وتری کی بھانجی سے ان کا عقد ہوا۔

مولانا آزاد ذی الحجہ ۱۳۰۵ھ (۱۸۸۸ء) میں مکہ معظمہ میں پیدا ہوئے۔ ان کے بچپن میں ان کے والد کی پنڈلی کی ہڈی ٹوٹ گئی۔ چنانچہ وہ علاج کے لیے اپنے خاندان سمیت کلکتہ آئے۔ علاج کے بعد مکہ معظمہ کے لیے پھر رخت سفر باندھنا چاہا لیکن ان کے مداحوں نے انھیں جانے نہیں دیا اور وہ کلکتہ میں ہی آباد ہو گئے۔

کلکتہ میں مولانا آزاد کی تعلیم گھر میں ہوئی۔ انھوں نے مختلف موضوعات پر مشتمل عربی و فارسی کی کتابیں اپنے اساتذہ سے اتنے شوق سے پڑھیں کہ سولہ سال کی عمر میں

دوسرے طلبہ کو فلسفہ، ریاضی اور منطق کی اعلا تعلیم دینے لگے۔ انھیں طالبعلمی کے زمانے میں شاعری سے بھی دلچسپی پیدا ہوئی۔ انھوں نے اپنے اس شوق کے اظہار کے لیے غالباً نومبر ۱۸۹۹ء میں ایک ماہانہ گلدستہ نیرنگ عالم جاری کیا جو ایک سال سے کم مدت تک نکل کر بند ہو گیا۔ اس کے بند ہونے کے بعد ۱۹۰۰ء کے اواخر میں ماہانہ المصباح نکالا۔ یہ بھی کچھ عرصے بعد بند ہو گیا۔ پھر ۲۰ نومبر ۱۹۰۳ء کو ماہنامہ لسان الملک جاری کیا۔ اس کے مضامین کا معیار اتنا بلند اور تحریر کا انداز اتنا دلکش تھا کہ بہت ہی قلیل عرصے میں اسے شہرت مل گئی۔ لیکن اس پرچے نے بھی اپریل مئی ۱۹۰۵ء میں دم توڑ دیا۔

مولانا آزاد اس رسالے کی وجہ سے اس قدر مقبول ہوئے کہ مولانا شبلی نے انھیں "الندوہ" کی ترتیب و تدوین کے لیے لکھنو بلوالیا۔ وہ اکتوبر ۱۹۰۵ء سے مارچ ۱۹۰۶ء تک الندوہ کو ترتیب دیتے رہے۔ پھر اخبار وکیل کے مالک شیخ امام محمد کے بلاوے پر امرتسر گئے اور اس کو مرتب کرنے کی ذمے داریاں سنبھالیں۔ اسی اثنا میں ان کے بڑے بھائی ابو نصر غلام یٰسین آہ کا انتقال ہو گیا اور وہ اپنے والد کے حکم پر نومبر ۱۹۰۶ء میں کلکتہ لوٹ آئے۔ یہی وہ زمانہ تھا جب لارڈ کرزن نے تقسیم بنگال کا فیصلہ صادر کر کے ہندوؤں اور مسلمانوں کے درمیان فرقہ پرستی کا بیج بویا تھا اور اس فیصلے کے خلاف پورے بنگال میں غم وغصے کی ایک لہر دوڑ چکی تھی۔ اس واقعے کا مولانا آزاد کے دل پر بہت گہرا اثر ہوا اور وہ اس انقلابی گروہ میں شامل ہو گئے جو تقسیم بنگال کے خلاف مسلسل مظاہرے کر رہا تھا۔ یہیں سے سیاسی معاملات میں ان کی دلچسپیاں بڑھتی گئیں یہاں تک کہ وہ قومی تحریک کا ایک اہم کردار بن گئے۔

وہ اگست ۱۹۰۷ء میں وکیل کو مرتب کرنے کی غرض سے ایک بار پھر امرتسر گئے لیکن خرابی صحت کے باعث جولائی ۱۹۰۸ء میں کلکتہ لوٹ آئے۔ کچھ ہی دنوں

بعد ۱۵ اگست ۱۹۰۸ء کو ان کے والد کا انتقال ہو گیا۔ اب اگر وہ چاہتے تو مسند رشد و ہدایت پر بیٹھ کر پیری مریدی کی اس روایت کو زندہ رکھ سکتے تھے جو انھیں اپنے والد سے ورثے میں ملی تھی۔ لیکن ان کی جدت پسند طبیعت نے اس منصب کو قبول نہیں کیا اور اس سے انحراف کر کے وہ راستہ اختیار کیا جس میں قوم و ملت کی فلاح و بہبودی کے راز مضمر تھے۔

اسی زمانے میں انھوں نے عراق، شام، مصر اور ترکی کا سفر کیا جو ان کی سیاسی زندگی کے لیے کار آمد ثابت ہوا۔ اس سفر میں ان کی ملاقات کچھ انقلابی رہنماؤں سے ہوئی جس کا نتیجہ یہ نکلا کہ ان کے سیاسی عقائد مستحکم ہو گئے۔ ان انقلابیوں سے ملنے کے بعد وہ اس نتیجے پر پہنچے کہ ملک کی آزادی کی مہم میں مسلمانوں کو عملی طور سے نہ صرف شرکت کرنا چاہئے بلکہ ان کی رہبری بھی از حد ضروری ہے۔ چنانچہ واپسی کے بعد وہ طریقہ کار پر غور و فکر کرنے لگے۔ آخر کار اس نتیجے پر پہنچے کہ اخبار کے ذریعے ہی ان خیالات کو عوام تک آسانی سے پہنچایا جاسکتا ہے۔ لہٰذا اس مقصد کے تحت ۱۳ جولائی ۱۹۱۲ء کو کلکتہ سے ہفتہ وار الہلال جاری کیا جو سیاسی، علمی اور ادبی نوعیت کا حامل تھا۔ اس پرچے کو انھوں نے اس انداز سے مرتب کیا کہ اس نے اپنی زندگی کے تھوڑے ہی عرصے میں قوم کے مذہبی اور سیاسی معتقدات میں ایک ہلچل مچادی اور ہندوستانیوں کے مردہ دلوں میں آزادی کی تحریک پیدا کر دی۔ اس سچائی کا اعتراف کرتے ہوئے پنڈت جواہر لال نہرو اپنی کتاب Discovery of India میں لکھتے ہیں:

"ابوالکلام آزاد نے اپنے ہفت روزہ اخبار الہلال میں مسلمانوں سے ایک نئی زبان میں خطاب کیا۔ صرف ان کے خیالات اور نقطۂ نظر ہی میں جدت نہیں تھی بلکہ ان کی تحریر کا رنگ ہی نیا تھا۔ ان کا اسلوب بیان جاندار اور پر زور تھا۔۔۔ ابوالکلام آزاد نے قدامت پرستی کے قلعہ پر حملہ کیا۔ یہ حملہ براہ راست نہیں بلکہ ایسے خیالات کی ترویج و

اشاعت کے ذریعہ کیا گیا جنھوں نے علی گڈھ کی روایات کی بیخ کنی کر دی۔ نوجوان مصنف اور اخبار نویس نے مسلمانوں کے تعلیم یافتہ طبقہ میں ہلچل مچا دی۔ اگرچہ بوڑھوں نے بہت تیوری چڑھائی مگر نوجوانوں کے دلوں میں ایک ہیجان برپا ہو گیا۔"

الہلال سیاسی، صحافتی، علمی اور ادبی اعتبار سے نہ صرف سنگ میل ثابت ہوا بلکہ اس کی اسرافیلی صداؤں سے انگریزوں کے سامراجی محل کی بنیاد ہل گئی اور پارلیمنٹ میں فوراً یہ مطالبہ کیا گیا کہ اس آگ کو جو کلکتہ سے برس رہی ہے فوراً سرد کیا جائے ورنہ اندیشہ ہے کہ کہیں تمام ہندوستان آتش کدہ نہ بن جائے۔ چنانچہ ۱۸ نومبر ۱۹۱۴ء کو پریس ایکٹ کے تحت الہلال ضبط کر لیا گیا۔

اب مولانا آزاد نے اپنے مقصد اور نظریئے کو عام کرنے کے لیے ۱۲ نومبر ۱۹۱۵ء کو ایک نیا ہفتہ وار اخبار البلاغ جاری کیا۔ یہ پرچہ بھی اپنی سحر نگاری اور انقلاب آفرینی میں الہلال سے کم نہ تھا۔ اس نے بھی آزادی وطن کا نغمہ سنایا اور فکری جمود کو توڑا۔ لیکن ابھی اس کے چند شمارے ہی نکلے تھے کہ حکومت بنگال نے انھیں ڈیفینس آف انڈیا آرڈیننس کے تحت ۲۳ مارچ ۱۹۱۶ء کو ایک ہفتے کے اندر حدود بنگال سے باہر نکل جانے کا حکم دے دیا لہٰذا وہ ۳۰ مارچ کو مورابادی (رانچی، بہار) میں پناہ گزیں ہو گئے۔ تین ماہ بعد ۸ جولائی ۱۹۱۶ء کو حکومت نے ان کی نظر بندی کے احکام جاری کیے چنانچہ وہ رانچی ہی میں نظر بند کیے گیے۔ انھی ایام میں انھوں نے فضل الدین احمد مرزا کے اصرار پر اپنی مشہور کتاب تذکرہ سپرد قلم کی۔ انھیں اس قید سے یکم جنوری ۱۹۲۰ء کو رہائی ملی۔

جس زمانے میں مولانا آزاد رانچی میں نظر بند تھے، مہاتما گاندھی سیاست کے میدان میں آچکے تھے اور چمپارن کے کسانوں میں کام کر رہے تھے۔ اسی زمانے میں تحریک خلافت کی ابتدا ہوئی جس میں مہاتما گاندھی کی دوررس نگاہوں نے تحریک آزادی

کو بھی مضمر پایا۔ چنانچہ انھوں نے خلافت کے مسائل میں گہری دلچسپی لی۔ ان کی اس دلچسپی کو دیکھ کر مسلمانوں نے اس تحریک کی قیادت ان کو سونپ دی۔

اسی اثنا میں ۲۰ جنوری ۱۹۲۰ء کو خلافت کے مسئلے پر غور و فکر کرنے کے لیے دہلی میں ایک جلسہ منعقد ہوا جس میں لوک مانیہ تلک، لالہ لاجپت رائے، بپن چندر پال، مہاتما گاندھی اور دیگر ممتاز کانگریسی رہنما بھی شریک ہوئے۔ اسی جلسے میں مولانا آزاد کی مہاتما گاندھی سے پہلی بار ملاقات ہوئی اور دونوں کے درمیان محبت و خلوص کا ایک ایسا مضبوط رشتہ قائم ہوا جس کو وقت کا بڑے سے بڑا ہنگامہ اور فتنہ بھی توڑنے میں ناکام رہا۔ قاضی محمد عبد الغفار آثار ابوالکلام میں لکھتے ہیں:

"دو غیر معمولی فطرتوں کا یہ سنگم اپنی ایک عجیب خصوصیت رکھتا تھا جس پر ہمیں غور کرنا چاہئے۔ مولانا کی زندگی بڑی حد تک مذہبی اور ان کے افکار بھی لازماً مذہبی تھے۔ اسی طرح مہاتما گاندھی بھی اپنے مذہب کے ایک پر خلوص ترجمان اوراس مذہب کی روحانیت کے بہت بڑے داعی تھے۔ جس طرح مولانا نے اسی طرح مہاتما جی نے سیاست کو مذہبی روحانیت کی کسوٹی پر رکھ دیا تھا۔ دونوں اپنی اپنی جگہ ایک خاص مذہبی حیثیت رکھتے تھے۔ لیکن دونوں کی نظر میں مذہب اپنے وسیع تر معنی میں کوئی اختلافی مسئلہ نہ تھا۔ اسی لیے دونوں میں سے کسی کا مذہب اس رسم و راہ، اخلاص و محبت میں حائل نہ ہو سکا جو ۲۸ سال تک ایک لمحہ کے تغیر اور رکاوٹ کے بغیر جاری رہی۔" (ص: ۵۰)

دہلی کے اجلاس (۲۰ جنوری ۱۹۲۰ء) کے بعد میرٹھ اور کلکتہ کی کانفرنسوں میں خلافت اور ترکی کے مسائل کو حل کرنے کے لیے مہاتما گاندھی کی قیادت میں عدم تعاون (ترک موالات) کا پروگرام مرتب ہوا اور ناگپور کانفرنس (دسمبر ۱۹۲۰ء) میں کانگریس نے بھی اس پروگرام کی باقاعدہ منظوری دے دی۔ اس کے بعد ملک میں اس تحریک کا

غلغلہ اتنے زور و شور سے بلند ہوا کہ حکومت کے ایوان میں کھلبلی مچ گئی۔ عوام میں جوش پیدا کرنے کے لیے مہاتما گاندھی، مولانا محمد علی، مولانا شوکت علی اور مولانا آزاد نے ہنگامی دورے کئے۔ یہ ان کی زندگی کا بہت ہی مصروف زمانہ تھا۔ اس دور میں مولانا آزاد نے سیکڑوں جلسوں اور کانفرنسوں میں شرکت کر کے حکومت برطانیہ کے خلاف باغیانہ تقریریں کیں۔ ہندو مسلم اتحاد پر زور دیا۔ لوگوں کو بدیسی مال کا بائیکاٹ کرنے پر اکسایا۔ پولس اور فوج کو ورغلایا اور اس حقیقت پر زور دیا کہ خلافت کی تحریک دراصل ہندوستان کی آزادی کی تحریک بھی ہے۔ تقریروں میں مولانا آزاد کا جو انداز اور لب و لہجہ تھا اس کا اندازہ اس خطبہ سے لگایا جاسکتا ہے جسے انھوں نے ۲۶ اگست ۱۹۲۱ء کو مجلس خلافت آگرہ کے جلسۂ عام میں دیا تھا۔ کہتے ہیں:

"گورنمنٹ اگر گرفتار کرنے کو تیار ہے تو اور مجرموں کو چھوڑو، ایک مجرم تمہارے سامنے کھڑا ہے۔ اگر اس عقیدے کی دعوت جرم ہے تو میں نے محض اعلان نہیں کیا۔ محض دور سے دعوت نہیں دی بلکہ میں نے سپاہیوں سے کہا ہے کہ بارش کی بوندوں کی طرح خدا کی لعنت تم پر برس رہی ہے۔ اگر لعنت سے بچنا چاہتے ہو تو انگریزی راج کی غلامی چھوڑ دو۔

ہاں ہاں میں نے سپاہیوں سے، ہندوستان کی برٹش فوج سے یہ کہا ہے اور جب تک میرے حلق میں آواز پھنستی نہیں، یہی کہتا رہوں گا۔ آج بھی اعلان کرتا ہوں اور جب تک میری زندگی باقی ہے، ہر صبح کو ہر شام کو میرا پہلا فرض یہی ہوگا کہ سپاہیوں کو ورغلاؤں اور ان سے کہوں کہ گورنمنٹ کی نوکری چھوڑ دو۔ کیا عظیم الشان برٹش گورنمنٹ جس کی حکومت میں کبھی سورج نہیں ڈوبتا، تیار ہے کہ گرفتار کرے۔ اگر یہ جرم ہے تو اس جرم کا ارتکاب تمام ملک کر رہا ہے۔ میں نے سپاہیوں سے بھی کہا ہے اور

لوگوں سے بھی کہا ہے کہ تم سپاہیوں کے پاس چھاؤنیوں میں جاؤ اور سپاہیوں کو یہ پیغام سناؤ۔ پھر برٹش گورنمنٹ اگر اپنی طاقت کا گھمنڈ رکھتی ہے تو کیوں نہیں قدم آگے بڑھاتے۔ کیا گورنمنٹ کی مشنری پر فالج گر گیا ہے۔" (خطبات آزاد مرتبہ مالک رام، ص:۴۷)

مولانا آزاد کی شعلہ بار اور باغیانہ تقریروں کو حکومت برداشت نہ کر سکی اور انھیں عدم تعاون کے موضوع پر تقریر کرنے کے جرم میں دفعہ ۱۲۴۔ الف تعزیرات ہند کے تحت ۱۰ دسمبر ۱۹۲۱ء کو گرفتار کر کے علی پور سنٹرل جیل کلکتہ میں قید کر دیا گیا۔ اس سلسلے میں ان پر جو مقدمہ چلایا گیا تھا اس میں انھوں نے اپنی صفائی میں ۱۱ جنوری ۱۹۲۲ء کو عدالت کے روبرو ایک تحریری بیان پیش کیا جو قول فیصل کے نام سے شائع ہو چکا ہے۔ یہ بیان ان کی جرأت، ہمت، حق گوئی، بے باکی اور بے خوفی کا شاہد ہے۔ اس میں انھوں نے صاف لفظوں میں حکومت برطانیہ کو ظالم و جابر قرار دیا ہے اور اپنے اس جرم کا اقرار بھی کیا ہے جس کی وجہ سے وہ گرفتار کیے گئے تھے۔ وہ کہتے ہیں:

"میں اقرار کرتا ہوں کہ میں نے نہ صرف انھی دو موقعوں پر بلکہ گذشتہ دو سال کے اندر اپنی بے شمار تقریروں میں یہ اور اسی مطلب کے لیے اس سے زیادہ واضح اور قطعی جملے کہے ہیں۔ ایسا کہنا میرے اعتقاد میں میرا فرض ہے۔ میں اس فرض کی تعمیل سے اس لیے باز نہیں رہ سکتا کہ وہ ۱۲۴۔ الف کا جرم قرار دیا جائے۔ میں اب بھی ایسا ہی کہنا چاہتا ہوں اور جب تک بول سکتا ہوں ایسا ہی کہتا رہوں گا۔ اگر میں ایسا نہ کہوں تو اپنے آپ کو خدا اور اس کے بندوں کے آگے بدترین گناہ کا مرتکب سمجھوں۔

یقیناً میں نے کہا ہے "موجودہ گورنمنٹ ظالم ہے۔" لیکن میں یہ نہ کہوں تو اور کیا کہوں۔ میں نہیں جانتا کہ کیوں مجھ سے یہ توقع کی جائے کہ ایک چیز کو اس کے اصلی نام

سے نہ پکاروں۔ میں سیاہ کو سفید کہنے سے انکار کرتا ہوں۔" (قول فیصل، ص:۸۵)

جب مہاتما گاندھی کی نگاہوں سے مولانا کا یہ بیان گزرا تو وہ اس سے بے حد متاثر ہوئے اور ینگ انڈیا(۲۳فروری ۱۹۲۲ء) میں A great statement کے عنوان سے ان الفاظ میں اپنے تاثرات کا اظہار کیا:

"مولانا ابوالکلام آزاد نے جو بیان عدالت میں دیا اس کی نقل میرے پاس پہنچی۔ مولانا کے بیان میں بہت بڑی ادبی خوبصورتی ہے۔ وہ نہایت وسیع روانی کے ساتھ پر جوش بھی ہے۔ وہ نہایت دلیرانہ ہے۔ اس کا لہجہ غیر متزلزل ہے۔ مگر ساتھ ہی سنجیدہ اور متین بھی ہے۔ تمام بیان میں اول سے آخر تک ایک پر جوش اثر پایا جاتا ہے اور ایسا معلوم ہوتا ہے گویا خلافت اور نیشنلزم پر مولانا ایک پر اثر خطبہ دے رہے ہیں۔۔۔ مولانا کے بیان کا روئے سخن اگرچہ عدالت کی طرف ہے لیکن وہ دراصل ملک و قوم سے خطاب کر رہے ہیں۔ فی الحقیقت ان کا بیان ایسا ہے گویا عمر بھر کے لیے سخت سے سخت سزاؤں کا مطالبہ کیا جارہا ہے۔" (قول فیصل، ص:۳۰)

یہ مقدمہ تقریباً دو ماہ چلتا رہا۔ آخر کار مجسٹریٹ نے انھیں ۹ فروری ۱۹۲۲ء کو ایک سال قید بامشقت کی سزا سنائی۔ اس قید سے مولانا کو ۶ جنوری ۱۹۲۳ء کو رہائی ملی۔ جب وہ جیل سے باہر آئے تو ملک کی سیاسی فضا کو مکدر پایا۔ کانگریس دو حصوں میں تقسیم ہو چکی تھی اور فرقہ پرستی کا عفریت وطن کے ہر گوشے میں ناچ رہا تھا۔

اس بدامنی کی وجہ یہ تھی کہ گاندھی جی حکومت کے خلاف بے اطمینانی پھیلانے کے الزام میں ۱۰ مارچ ۱۹۲۲ء کو گرفتار ہوئے اور ان کی عدم موجودگی فتنہ وفساد کا باعث بن گئی۔ جیل جاتے وقت انھوں نے اپنے ساتھیوں کو یہ ہدایت کی تھی کہ وہ اپنی صلاحیتوں کو تعمیری کاموں میں صرف کریں۔ ان کے جانے کے بعد دسمبر ۱۹۲۲ء کو گیا

میں سی آر داس کی صدارت میں کانگریس کا اجلاس ہوا جس میں راج گوپال اچاری، سردار پٹیل، ڈاکٹر راجندر پرشاد اور ڈاکٹر مختار احمد انصاری نے مہاتما گاندھی کے تعمیری پروگرام کو جاری رکھنے پر زور دیا۔ لیکن سی آر داس، پنڈت موتی لال نہرو، وٹھل بھائی پٹیل، کیلکر اور حکیم اجمل خان نے اس تجویز کی شدید مخالفت کی اور کونسل میں داخل ہونے کا پروگرام پیش کیا۔ ان مسائل نے نزاع کی صورت اختیار کر لی۔ سی آر داس نے استعفیٰ دے دیا اور جو رہنما کونسل میں داخل ہونے کے حامی تھے انھوں نے سوراج پارٹی قائم کر لی۔ اس طرح کانگریس دو حصوں میں بٹ گئی۔ ان میں سے ایک جماعت پرو چینجر Pro - Changer اور دوسری نو چینجر No - Changer کے نام مشہور ہوئی۔

مولانا آزاد نے رہائی کے فوراً بعد سب سے پہلے ان دونوں جماعتوں کے درمیان مفاہمت کی کوشش کی۔ اس کے نتیجے میں ۱۵ دسمبر ۱۹۲۳ء کو ان کی صدارت میں کانگریس کا ایک خاص جلسہ دہلی میں منعقد ہوا جس میں دونوں کے بیچ ایک سمجھوتا ہو گیا۔ اس واقعے کو ڈاکٹر راجندر پرشاد نے اپنی "آتم کتھا" میں تفصیل سے لکھا ہے:

"گیا کانگریس کے اجلاس کے بعد ہی کچھ اہم کانگریسی جیل سے چھوٹے جن میں مولانا ابوالکلام آزاد بھی تھے۔ مولانا آزاد جیل سے نکلتے ہی اس فکر میں لگ گئے کہ دونوں دلوں میں کس طرح سمجھوتا کرایا جائے۔ گیا کانگریس کے بعد وہ ورکنگ کمیتی کے ممبر چنے گئے تھے۔ انھوں نے ورکنگ کمیٹی کی بیٹھک میں سمجھوتے کی بات پیش کی۔ ورکنگ کمیٹی نے اسے منظور کر لیا۔ سوراج پارٹی کے سبھی نیتاؤں سے ابھی ان کی پوری باتیں نہیں ہو پائی تھیں۔ لیکن ان کو معلوم ہوا تھا سوراج پارٹی والوں کو بھی یہ باتیں منظور تھیں اس لیے یہ فیصلہ ہوا کہ فروری کے آخری ہفتے میں ورکنگ کمیٹی اور آل انڈیا کمیٹی کی

بیٹھک الہ آباد میں کر کے اس پر غور کیا جائے۔ مولانا صاحب چوں کہ اس سمجھوتے کو پورا کرنا چاہتے تھے اس لیے ورکنگ کمیٹی سے الگ ہو گئے تا کہ غیر جانبدارانہ طریقے سے اس کے لیے کام کر سکیں۔" (ص:۱۰۶)

اسی کتاب کے ص:۱۱۲ پر اس نزاع کی آخری کاروائی اس طرح بیان کی ہے:

"ہم نے مولانا آزاد کو ہی اپنا نیتا مان لیا۔ ان کے ہی ہاتھوں میں سب باتیں چھوڑ دیں۔ انھوں نے یہ فیصلہ کیا کہ دونوں جماعتوں میں سمجھوتا ہو جائے۔ وہ فیصلہ اس شرط پر ہوا کہ کانگریس کی طرف سے اور کانگریس کے نام پر چناؤ نہ لڑا جائے لیکن اگر کوئی کانگریس کا آدمی چناؤ میں کھڑا ہونا چاہے تو اس پر سے پابندی اٹھالی جائے۔ اس طرح سوراج پارٹی کو اپنے بل پر کانگریسیوں کو کھڑا کر کے چناؤ لڑنے کا موقع مل گیا اور چناؤ کے جھگڑے سے کانگریس الگ رہ گئی۔"

ڈاکٹر راجندر پرشاد نے اس حقیقت کا اعتراف اپنے اس مضمون میں بھی کیا ہے جو مولانا کی وفات کے بعد "ایک غیر معمولی شخصیت" کے عنوان سے الجمعیۃ دہلی کے آزاد نمبر (ص:۲۸) میں شائع ہوا ہے۔ وہ لکھتے ہیں:

"دہلی میں مولانا کی صدارت میں کانگریس کا جو ہنگامی اجلاس ہوا اس میں چینجر اور نو چینجر دونوں گروپوں کے درمیان اصولوں سے دستبردار ہوئے بغیر سمجھوتہ ہو گیا۔ یہ مولانا آزاد ہی کا کمال تھا کہ دونوں گروپوں کے جذبات و خیالات کا مساوی طور پر احترام کیا گیا اور دونوں کے ساتھ پورا پورا انصاف کرتے ہوئے باعزت طور پر مفاہمت کا راستہ تلاش کر لیا گیا۔ طے یہ پایا کہ جو لوگ یہ سمجھتے ہیں کہ وہ کونسل میں جا کر ملک کی خدمت زیادہ بہتر طور سے انجام دے سکیں گے وہ کانگریس کا نام اور فنڈ استعمال کیے بغیر انتخاب لڑ سکتے ہیں۔ جو لوگ کونسل میں جانے کے خلاف ہیں وہ کانگریس کے نام پر اس کے فنڈ یا

ذاتی اثر و رسوخ کو کام میں لا کر ان کی مخالفت نہیں کریں گے۔ نظریاتی اور اصولی اختلاف کے درمیان اتحاد عمل کا رشتہ تلاش کرنے میں مولانا کو کس قدر کمال حاصل تھا اس واقعہ سے اس کا اندازہ لگایا جا سکتا ہے۔"

مولانا آزاد نے تاریخ کا یہ بے مثال کارنامہ محض ۳۵ سال کی عمر میں انجام دیا۔ اس سے یہ بات ظاہر ہوتی ہے کہ کم عمری کے باوجود کانگریس کے تمام قائد ان کی ذہانت، علمیت اور انصاف پسند طبیعت کے معترف تھے اسی لیے دونوں جماعتوں نے انھیں اپنا رہنما تسلیم کر کے اتنی کم عمری میں ان کو کانگریس کی صدارت کی ذمے داری سونپی کہ کانگریس کے کسی دوسرے رہنما کو یہ اعزاز حاصل نہ ہو سکا۔ پنڈت جواہر لال نہرو اپنی سوانح عمری میں لکھتے ہیں:

"اکثر یہ کہا جاتا تھا کہ میں کانگریس کا سب سے کم عمر صدر تھا۔ لیکن یہ بات صحیح نہیں تھی۔ جب میں پہلی بار کانگریس کا صدر منتخب ہوا تو میری عمر ۴۰ سال کے قریب تھی۔ میرا خیال ہے کہ گوکھلے کی بھی تقریباً یہی عمر تھی۔ مگر مولانا آزاد (جو مجھ سے عمر میں کسی قدر بڑے ہیں) اس وقت صدر منتخب ہوئے جب وہ ۴۰ سال سے کم تھے۔ گوکھلے کو نامور سیاست دانوں میں سے ایک اس وقت تسلیم کیا گیا جب وہ اپنی عمر کے تقریباً ۴۰ سال کو پہنچے لیکن ابوالکلام آزاد نے خاص طور سے اپنا ظاہر ایک قابل احترام شخصیت کا اس لیے بنایا تھا تاکہ وہ اپنی علمیت کو مناسب پس منظر دے سکیں۔" (ص:۱۹۵)

اسی زمانے میں ملک میں چاروں طرف فرقہ پرستی کا زہر پھیل چکا تھا۔ شدھی سنگھٹن اور تنظیم و تبلیغ کی تحریک نقطہ عروج کو پہنچ چکی تھی۔ جگہ جگہ فرقہ وارانہ فسادات ہو رہے تھے۔ ایسے ماحول میں ۵ فروری ۱۹۲۴ء کو مہاتما گاندھی خرابی صحت کی بنا پر رہا کئے گئے۔ انھوں نے فرقہ پرستی کے اس بڑھتے ہوئے طوفان کو روکنے کے لیے ۲۱ دن کا

برت رکھا۔ اس کے نتیجے میں ایک ملاپ کانفرنس (امن کانفرنس) کا قومی رہنماؤں نے دہلی میں انعقاد کیا۔ لیکن یہ کانفرنس بھی اس طوفان کو روکنے میں ناکام رہی۔ اس کے بعد بھی ہندو مسلم اتحاد قائم کرنے کے لیے صلح کل رہنما کوششیں کرتے رہے لیکن ہر کوشش بے سود ثابت ہوتی رہی۔ ان تمام کوششوں میں مولانا آزاد بھی برابر شریک رہے۔

جب فرقہ پرستی، انتشار اور بدامنی کو روکنے کے لیے ساری تدبیریں ناکام ہو گئیں تو مجبور ہو کر گاندھی جی نے بلگام کانفرنس (۲۶ دسمبر ۱۹۲۴ء) کے بعد سپر ڈالی دی اور ۱۶ جولائی ۱۹۲۵ء کو کانگریس کے کل انتظامات پنڈت موتی لال نہرو کے سپرد کر کے خود سابرمتی آشرم میں سکونت پذیر ہو گئے۔ چنانچہ ۲۲ ستمبر ۱۹۲۵ء کو سوراج پارٹی کانگریس پارٹی میں تبدیل ہو گئی۔ اب مولانا آزاد نے پنڈت موتی لال نہرو کے ساتھ اتحاد واتفاق کی فضا قائم کرنے کی کوشش کی مگر کامیاب نہ ہو سکے۔ بغض، تعصب، نفرت اور فرقہ پرستی کے شعلے ہر سمت بھڑکتے ہی رہے۔ اس درمیانی وقفے کا نام گاندھی جی نے ماہرانہ تعطل(Mastery Inactivity) رکھا تھا۔

لیکن ۱۹۲۷ء میں ایک ایسا واقعہ پیش آیا جس نے قومی تحریک میں جان ڈال دی اور لوگوں کو ایک بار پھر متحد ہونے کا موقع دے دیا۔ ہوا یہ کہ حکومت نے مزید اصلاحات اور پارلیمانی جمہور کی توسیع کے لیے ہندوستانیوں کی تیاری کا جائزہ لینے کے لیے سر جان سائمن کی صدارت میں ایک کمیشن مقرر کیا۔ جب یہ کمیشن ہندوستان آیا تو لوگوں میں اس کے خلاف غم و غصے کی ایک لہر دوڑ گئی۔ اس کمیشن کے افراد جس شہر میں اپنا قدم رکھتے لوگ ان کے خلاف "سائمن کمیشن واپس جاؤ" کے نعرے لگاتے اور انھیں کالی جھنڈیاں دکھاتے۔ اس دور میں عوام کے جوش و جذبات کو بھڑکانے میں مولانا آزاد نے

بھی اہم کردار ادا کیا۔ انھوں نے ۱۹۲۸ء کے شروع میں لاہور، امرتسر، راولپنڈی، دہلی اور دیگر مقامات کا دورہ کرکے لوگوں کو اس کمیشن کے خلاف اکسایا۔

انھی دنوں ۲۷ جولائی ۱۹۲۹ء کو مولانا آزاد نے آل انڈیا مسلم نیشنلسٹ پارٹی کی بنیاد ڈالی۔ وہ خود اس کے صدر تھے اور تصدق احمد خان شیروانی سکریٹری۔ اس کے اراکین میں ڈاکٹر مختار احمد انصاری، خان عبد الغفار خان، ڈاکٹر خان، خان عبدالصمد خان، ڈاکٹر سید محمود، آصف علی، رفیع احمد قدوائی، حافظ محمد ابراہیم، مولانا حسین احمد مدنی، مولانا عطاءاللہ شاہ بخاری اور ڈاکٹر محمد عالم جیسے رہنمائے قوم شریک تھے۔ دراصل یہ جماعت کانگریس کی ہم خیال تھی اسی لیے ان مسلمانوں نے جگہ جگہ اس کا مذاق اڑایا جو دو قومی نظریے کے حامی تھے۔ جب مسلم لیگ کی جذباتی سیاست کی وجہ سے مسلمانوں میں علاحدگی پسندی کا جذبہ بھڑک اٹھا تو اس جماعت کا خاتمہ ہوگیا۔

سائمن کمیشن کی واپسی کے بعد آزادی کی تحریک دن بدن پروان چڑھتی رہی اور لوگوں میں سیاسی اشتعال بڑھتا رہا۔ اس موقع کو غنیمت سمجھ کر کانگریس نے ۳۱ دسمبر ۱۹۲۹ء کو سالانہ اجلاس میں مکمل آزادی کی تجویز منظور کرلی اور حکومت برطانیہ کو متنبہ کیا کہ اگر یہ قومی مطالبہ پورا نہ کیا گیا تو کانگریس ایک سال بعد حکومت کے خلاف ایک عوامی تحریک شروع کرے گی۔ یہ اجلاس پنڈت جواہر نہرو کی صدارت میں لاہور میں منعقد ہوا تھا۔ جب حکومت نے کانگریس کے اس مطالبے کو ماننے سے انکار کردیا تو مارچ ۱۹۳۰ء میں گاندھی جی نے نمک سازی کے قوانین کی خلاف ورزی کرنے کا اعلان کیا اور ۱۲ مارچ کو سابرمتی آشرم سے ڈانڈی کی طرف روانہ ہوئے۔ جونہی گاندھی جی نے اپنے سفر کا آغاز کیا قومی شعور میں ایک زبردست ہلچل مچ گئی اور تمام ہندوستان سول نافرمانی کے شعلوں کی لپیٹ میں آگیا۔ حکومت بوکھلا اٹھی اور اس نے قوم کے رہنماؤں اور اس

تحریک میں حصہ لینے والوں کو گرفتار کرنا شروع کر دیا۔ اس مرتبہ مولانا نے مسلمانوں کو پھر للکارا اور تحریک میں شامل ہونے کی دعوت دی۔ ان کی تلقین پر بنگال، سرحد اور پنجاب کے ہزاروں مسلمانوں نے تحریک میں عملی حصہ لیا اور قید و بند کی سختیاں برداشت کیں۔

اگرچہ گرفتاریوں کا سلسلہ قائم تھا لیکن تحریک روز ایک نیا گل کھلا رہی تھی۔ اس کی وجہ یہ تھی اس کو زندہ رکھنے کے لئے کانگریس نے اس بار یہ قاعدہ مقرر کیا تھا کہ گرفتار ہونے سے پہلے آل انڈیا کانگریس کمیٹی کا صدر اپنا جانشین نامزد کرے گا۔ جب سردار پٹیل گرفتار ہوئے تو انھوں نے مولانا آزاد کو کانگریس کا صدر نامزد کیا۔ مولانا کی گرفتاری سول نافرمانی کے موضوع پر میرٹھ میں ایک تقریر کی بنا پر ۲۱ اگست ۱۹۳۰ء کو کلکتہ میں عمل میں آئی اور انھیں میرٹھ سنٹرل جیل میں رکھا گیا۔ بعد کو وہ گونڈہ جیل میں منتقل کیے گئے اور وہیں سے پہلی گول میز کانفرنس (نومبر ۱۹۳۰ء) کے بعد جنوری ۱۹۳۱ء میں رہا ہوئے۔ اسی زمانے میں دیگر قومی رہنما بھی آزاد کیے گئے۔ رہائی کے بعد آل انڈیا کانگریس کمیٹی کے تمام ممبران ۱۱ فروری ۱۹۳۱ء کو الہ آباد میں جمع ہوئے۔ پھر قومی مسائل پر غور و فکر کرنے کے لیے دہلی میں اکٹھا ہوئے۔ وہیں ۵ مارچ ۱۹۳۱ء کو ارون اور گاندھی جی کے درمیان ایک معاہدہ ہوا جس کے نتیجے میں سول نافرمانی کی تحریک واپس لے لی گئی۔ لاہور کے اجلاس (۳۱ دسمبر ۱۹۲۹ء) کے بعد ۲۹ مارچ ۱۹۳۱ء کو پہلی بار کراچی میں کانگریس کا اجلاس ہوا جس میں مکمل آزادی کی جدوجہد کو جاری رکھنے کا پھر مطالبہ کیا گیا اور گاندھی ارون معاہدے کو بھی منظور کیا گیا۔ اپریل ۱۹۳۱ء سے جون ۱۹۳۱ء تک کانگریسی اس مسئلے پر غور و فکر کرتے رہے کہ دوسری گول میز کانفرنس میں ان کا رویہ کیا ہونا چاہیے۔ آخر کار اس میں شامل ہونے کا فیصلہ کیا گیا اور ۱۵ اگست ۱۹۳۱ء کو گاندھی جی

کانگریس کے نمائندے کی حیثیت سے گول میز کانفرنس میں شرکت کے لیے لندن روانہ ہوئے۔ یہ کانفرنس ستمبر ۱۹۳۱ء سے دسمبر ۱۹۳۱ء تک جاری رہی۔ لیکن اس میں بھی آزادیِ وطن کے لیے کوئی راہ نہ نکل سکی اور گاندھی جی خالی ہاتھ ہندوستان واپس آ گئے۔

اس ناکامی سے ملک میں انگریزوں کے خلاف نفرت کے شعلے پھر بھڑک اٹھے۔ اس کو دبانے کے لیے حکومت نے جبر و تشدد کا راستہ اختیار کیا۔ گاندھی جی اور کانگریس کے دیگر رہنماؤں کو پھر گرفتار کر لیا گیا۔ اس وقت مولانا آزاد دہلی میں تھے چنانچہ انھیں ۱۲ مارچ ۱۹۳۲ء کو حراست میں لے لیا گیا۔ ان کو اس قید سے ۱۱ مئی ۱۹۳۲ء کو رہائی ملی۔

***